永野彰一の
成功哲学

成功したければ行動しろ！

永野彰一

アルソス

はじめに

「すぐに儲かる方法はありませんか？」
「どんな物件に投資をしたら必ず儲かりますか？」

僕のSNSへのメッセージや講演会が終わった後の質疑応答では、簡単にお金を儲けられる方法を聞いてくる人がたくさんいます。そんなとき僕はこう言います。

「話を聞きたいなら1時間11万円払ってください」

今の世の中、どんなことでも聞けば答えを教えてくれると思っている人が多いようです。

しかし、僕は簡単には僕の持っているノウハウを教えません。

平成の頃は「資格王」、令和になってからは「山王」と呼ばれている僕は、これまでに『一生お金に困らない山投資の始め方』『一生お金に困らない家投資の始め方』（以上、クロスメディア・パブリッシング）、『山王が教える1円不動産投資』（自由国民社）という3冊の不動産投資の本を上梓しました。

この3冊を読んでいただいた読者の方には、僕の持っている山投資や不動産投資のノウハウをできる限り、裏表なく話をしています。

そして、まだお読みでない方は、どうか一度、手に取って読んでみてください。

現在、不動産投資をしている方は、新たな投資の目を養うことになるでしょうし、不動産投資をしたことはないが興味があるという方には、不動産投資を始めるきっかけになる本だと信じています。

しかし、今、みなさんに手に取っていただいている本は、成功法則の本です。

僕がどうして不動産投資やその他のビジネスで成功してきたのか、その裏にある僕なりの投資哲学や行動哲学を紹介する本になります。

僕は22歳までに世の中にあるほとんどのビジネス、その中でも特に不動産関係のビジネスを、かなり広範囲に、しかも一般の人がやらないようなことまで深く経験しました。その経験からこれまでの3冊の本の中で書いてきた「1円で山や不動産を購入する」「売り主からお金をもらって物件を引き取る」というオリジナルの投資法にたどり着きました。

じゃあ、この本を読めば、手っ取り早く不動産投資で儲けられるようになるかと言えば、答えはＮＯです。

もちろん、この本に書かれている成功法則を十分理解して、実践すれば、不動産投資でもより良い結果を得ることができると信じています。しかし、僕は、もっと多くの人に、自分の好きな分野で成功体験をしてもらいたいのです。ある人は不動産投資かもしれないけれど、ある人は株式投資かもしれない、またある人は起業して会社経営で成功することかもしれません。

この本は、今まで世に出ている成功法則の本とは違うかもしれません。しかし、この本を読んで、自分がやりたいことを実践すれば、やばいほど成功の確率は上がると思っています。

僕は、これまでに、株取引、合宿運転免許の斡旋、学生の就職相談会、麻雀就活、建設、不動産、人材派遣、職業紹介、保険代理店、スペース貸し、探偵、情報通信、投資顧問、医薬品卸販売、製造、農業、販売、軽飲食、重飲食、サービス業、スカウト、フリーペーパー、金融、プログラミング、各種プロモーション、古物商、などをしてきました。

さまざまな業種で、多様な人たちに会い、一緒にビジネスをしてきましたが、失敗したことはありません。すべてに成功しています。

この本に書いてある成功法則には、僕がこれまでやってきたビジネスの成功体験も含まれています。他の成功法則の本とは違い、ちょっとやばい成功法則の本です。なぜなら、普通の32歳（2023年時点）では、とうてい経験できないビジネスをしてきた人間が話す成功法則なんですから。

22歳で大学を卒業してサラリーマンの経験をしてそこから人脈を築いてやるビジネスと、僕のようにゼロから苦しみの中でやってきたビジネスとではまったく質が違うと思っています。

今までの人生は苦労の連続でした。32年間の99％は苦しみの中で生きてきています。稼げるようになった今でも嫌なことはいっぱいあります。むしろ、お金を持っているといろいろんな人が寄ってきて、さんざん嫌なことをされたりするのは日常茶飯事です。

そんな人生を送ってきたからかもしれませんが、僕の知識や経験は60歳や70歳の方たちと同じくらいの知見に匹敵すると思っています。

僕は、大学を卒業する21歳までに、僕としては一生困らないほどのお金を稼いでしまいました。22歳からは、世間でいうリタイアをしていると思っていて、それ以降の人生は今までの経験を活かして他人に何かを与える期間だと思っています。

ですから、僕の知見をこの本で、みなさんにご紹介することに、なんのためらいもありません。

簡単にこの本の内容を紹介します。

僕が家を追い出された14歳から32歳までに経験したさまざまなことを最初に話します。家投資、山投資などの不動産投資に至った経緯も含めてです。この18年間で普通の社会人が一生かけて経験するだけのことはすべて経験したと思っています。その経験から導き出した、さまざまな成功法則を具体的に書いたのがこの本です。

なぜ、多くの人が成功したくても成功できないのか、成功法則本を何冊も読んでも成功できないのか。その理由は、この本を読んでもらうとわかります。

この本には、どんな分野でも成功するためのエッセンスを入れました。

「山王の不動産投資の成功法則を知りたい」方も、「山王のようになりたい」方も、「山王の投資哲学や投資方法を知りたい」方も、参考にしていただける話が多いと思います。

この本を最後までお読みいただければ、僕がやっていること、やりたかったこと、なぜこうなったかが全部わかるし、この本を応用すれば、投資や副業も必ず成功するような考え方が身につき、行動に移せます。「ビジネスを成功させるさまざまなヒント」や「儲けのヒント」が発見できると思います。


僕自身は、あくまでも「人を育てる」という前提で、不動産投資だけでなく、他の分野へもこれから活動を広げていきます。もちろん、他の分野でも成功して、多くの人の役に立ち、喜びを届けたいと思っています。みなさんの人生を豊かにする一助になることが、僕の幸せなのです。

ぜひ、目からうろこのやばい成功法則満載のこの本を、最後まで楽しんでお読みください。

２０２３年２月

投資家・事業家　永野彰一

目次

PART2

永野彰一の思考哲学…47

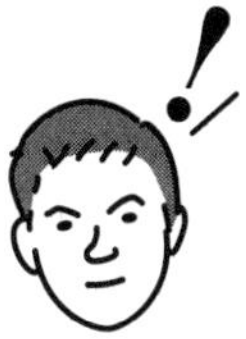

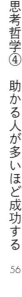

PART3

永野彰一の投資哲学 83

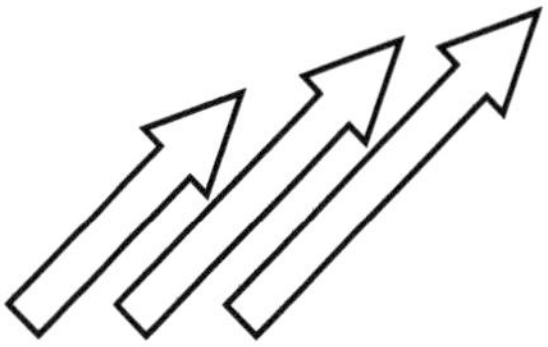

PART 6

永野彰一の人間哲学

PART 1

「山王」誕生秘話

高校時代に100以上の資格を取得した理由

僕は、実は、大いに問題のある家族の中で育ちました。

両親は、僕が小さい頃は学習塾を経営していて、経済的にはそれなりに豊かでした。しかし、塾の仕事が忙しかったため、僕は両親とはほとんど暮らせない状態が続き、自分は生まれてこなければよかったと思うような少年でした。その半面、生まれてきてしまったからには、誰よりも成功しなければいけないとも思っていました。

僕の人生で最初の転機が訪れたのは、14歳のときです。

両親の学習塾の経営が悪化して、「家を出る覚悟をしておいてね」と言われたんです。その言葉が覆されることはなく、家を離れざるをえなくなりました。

それに伴い、通っていた私立の中学校から公立の中学校に転校しました。その当時、公立学校では、いじめが蔓延していて、転校したばかりで誰も友達がいない僕はいじめの格好のターゲットになりました。

転校初日、始業式の日のことです。クラスの学級委員長を決めることになり、「なりたい人」と先生が聞くと、突然、僕の周りに生徒たちが集まってきて、強引に手を挙げさせられたんです。

先生は、「じゃあ永野君に決まり。こちらに来て抱負を話してください」と言われたので、仕方なく前へ出ました。すると、クラス全員がそっぽを向いて無視したんです。全員がグルになって、僕をいじめるために予め話し合いが行われていたようでした。

クラスメイトからのいじめは、それからも続き、中学3年の1年間は陰湿ないじめの中で過ごしました。

しかし、いじめられているだけだったかというと、そうではありません。いじめに抵抗もしない代わりに逃げることもせず、いじめてくるクラスメイトを相手にしないことにしました。そして、いじめを克服するために、何らかの目標を立てて生きていこうと心に決めたんです。目標を達成して成功体験を作れば、自分の自信になると思いました。いじめという、14歳がたった一人では対応できない不快な雑音を排除するために考えついた方法でした。

そのときに、たまたま自分で決めた目標が、危険物の資格取得でした。危険物の資格は、14歳でも受験可能で、勉強もそれほど大変ではなく、危険物取扱者乙種第4類の資格を受験して、合格しました。
この危険物の資格が、のちに「平成の資格王」と言われるようになる僕の最初の資格となりました。

結果的に、中学生のうちに10個の国家資格を取りました。最初に取った危険物取扱者乙種第4類は難易度でいうと、10段階のうちの1（最も易しいレベル）くらい。消防設備士甲種第4類というのが難易度で10段階の2くらい。その消防設備士甲種第4類の資格を中学3年で取りましたが、当時、高校生ですら持っている人は皆無で、大学生以上が最年少でした。

その後、高校の2年間で100個の資格を取っています。中学3年のときに、資格を10個取ったことが僕の中ではすごい成功体験となったし、そのことでいじめを乗り切ったので、じゃあ高校で100の資格にチャレンジしようと思ったのです。

なぜ100個なのかと不思議に思う人もいるかもしれません。僕にとって数字は大事で、10の次は100、100の次は1千と、位を上げていくのが癖になっています。だから論理的に説明できる理由はありません。僕だけの決め事です。10個取ったんだから、次は

100個だ、となっただけです。

100の資格を取るために、受験日をすべて調べて、効率的に勉強できるように1年間のスケジュールを組みました。週に1回は受験していたので、受験日の2カ月前には8個くらいの試験を抱えている状態が続きました。

受験するにはお金もかかります。しかし、幸運にも手元に資金はありました。高校時代には、IT系の仕事で儲けたお金を、株式投資で増やしていたからです。

普通、お金があると、まずは株、債券、不動産などに投資をする人が多いようです。でも、自分へ投資すれば、たとえば、僕の場合は資格取得への投資になりますが、その結果として成功体験を得られます。資格の難易度は関係なく、講習を受ければ取れる資格も含んでいたので、努力だけすれば必ず取れる資格もありました。でも、他の高校生は絶対に資格を在学中に100個取ろうなんてしませんん、だからこそチャレンジしました。

しかし、自分への投資を永久にやり続けてもきりがないので、100個の資格を取得するのは18歳までと決めました。

取得する資格は何でもよかったんです。当時も今でもそうですが、資格から何かが得られるとも思っていないし、あくまでも100個取るという成功体験と実績が欲しかっただけです。

でも取得する資格は、必要になれば活用できるものということを多少は考えていました。事前にリストを作り、1千くらいの資格をピックアップして、比較検討しました。まずは、エックス線作業主任者、ガンマ線透過写真撮影作業主任者、二級ボイラー技士、甲種防火管理者、普通自動車第1種運転免許など、いろいろな国家資格を優先的に取っていきました。というのも、これらの資格の多くは、医療関係や不動産関係の仕事では、業務主任者や業務監督者などに選任されるために必要なものだからです。

当時、資格手当をもらう方法を考えていました。自分がサラリーマンには向いていないとうすうす感じ始めていたので、それ以外で効率的に稼げる方法を考えていたからです。とりあえず資格手当が出ている会社を調べたところ、まず見つけたのはトレーラーの運転手でした。危険物を扱うトレーラーの運転手の資格手当が一番高額で、月給が80万円くらいでした。じゃあ他にないかなとなり、こまごまとした資格手当がいろいろと出ているのがビルのメンテナンス会社だと知りました。そこで、ビルのメンテナンス会社が求める資格の一覧表を作って、18歳までで取れるものをすべて取ることにしました。

今、僕がビルのメンテナンス会社に入ったとしたら、持っている資格だけで月に100万円くらいの手当がもらえます。

大型自動車第二種免許、牽引免許、甲種危険物取扱者、消防設備士甲種第4類、毒物劇物取扱者責任者など、さまざまな資格を持っていますが、とある会社の資格手当一覧を見たら、トータルで100万円くらいになることがわかりました。でも、そんなにたくさんの資格を持っている人が前提の手当ではないし、資格手当だけで100万円も出す会社なんかありません。だから、誰も僕を雇ってくれないんです（笑）。

でも、僕自身は、先ほども言いましたが、資格に価値があるとは思っていません。あるとしたら、100の資格を高校の2年間で取ったというスピード感と成功体験です。そのスピード感、成功体験があったからこそ、その力をもって、いろいろなビジネスで成功してきたのだと思います。

では、どうして資格取得には高校3年間ではなくて、2年間しか使わなかったのか。3年間かけると1年間で約33個の資格を取ることになります。それは、自分としては簡単なんです。だからもっとハードルを上げて、1年間で50個にして週に1回は資格試験を受ける、という状態にしました。もし3年かけるのならば、150個の資格を取っていたと思います。ですから、高校2年から始めて、2年かけて100個の資格を取得しました。

じゃあ、高校1年のときは何をしていたのか。遊んではいません。実は語学に夢中になっていたんです。10カ国語くらい勉強していました。ちょうど、留学生と交流する機会があって、それがたまたま中国人と韓国人とタイ人だったので、彼らと交流するためというのがきっかけです。第二外国語としてロシア語をとっていたので、個人的に、中国語、韓国語を勉強し始めて、フランス語、オランダ語、ギリシャ語などもかじりました。結局、多少話せるようになったのは中国語と韓国語とロシア語でした。高校1年時の1年間は、自分の中の語学ブームを追いかけていた時期でした。

話を戻しますが、この本を読んで、私もこれからお金になる資格を取ろうと思う方もいらっしゃるでしょう。それはそれでアリだと思いますが、取得した資格のブランディングをきちんとしないと、ゼロとは言いませんが、何の役にも立ちません。

取得した資格をもとに、1を生んでそれを100にできるかは、すべてあなた次第ということを忘れないでください。

人生最初の投資

ここで僕の投資歴を話しておきたいと思います。

僕が最初に行った投資は、自分の頭に対する投資です。先ほども紹介した資格取得には、2年間で100の資格を取得するのに600万円を投じました。

僕が使った600万円を、遊びに使ったら1円も手元に残りません。それは、何も残らないお金の使い方になります。ただ、使った経験だけは一応残ります。

しかし、600万円を使って資格を100取ると、知識と成功体験がついてきます。それが、次々と目標をクリアして、ビジネスで成功を収めるにはとても大切なことなんだと高校時代に体感しました。

苦労しても次につながる何かを得る、得たものを活用してより大きな成功体験をする。それが、僕が考える投資であり、そうしたことができる人が投資家だと思っています。

これまでやってきた投資・仕事

僕はもともと身体が弱く、昼寝をしないと一日体力がもたない体質です。今は寝る時間を調整しているので、昼寝をしなくても大丈夫ですが、当時は昼の12時から13時の間は学校でも寝ていました。そんな身体の状態だったので、10歳の頃には、将来普通のサラリーマンとして社会人の生活をしていくことは不可能だということも子どもながらにうすうす感じ取っていました。

夜が遅いのは我慢できる。夜寝ないのも我慢できる。けれど、昼寝だけはしないと身体がもたない。自分は誰かに決められた時間を生きるのではなくて、自分が自由に生きていきながらできる仕事をしないといけない。そこで、家の中でパソコンさえあればいつでもできるＩＴ系の仕事に目を付けたのです。時代の波にもうまく乗って、何とか成功することができました。それ以降は、得られたお金を元手に株投資で資金をどんどん増やしていきました。

大学に入ってからは、学生相手に合宿運転免許の集客をやっていた時期もあります。

その後、就活支援にも手を広げました。あるとき、企業から「大学3・4年生向けに就活セミナーをしたいから、人を集めてほしい」という依頼がありました。たとえば、「京阪神で人を集めて」「早慶・東大・一橋で集めて」というリクエストがくるんですが、僕はどんな要望でも、すぐに応えて、まとまった数の学生を集められました。セミナーに参加してもらうだけで、一人当たり5千円くらいもらえましたから、何百人と集めていたので、けっこういい額になりました。

そこから派生して、麻雀を使った就活支援もしました。僕は自分で作った学生麻雀部連合（現・学生麻雀連盟）の会長もしていたので、麻雀を打ちながら、今でいうマッチングをしようというものでした。

商社や銀行、メーカーなどいろいろな業界の採用担当者が雀荘に集まり、学生と一緒に麻雀を打って、話をするだけです。麻雀は性格が出るので、入社希望の学生の素の顔が見られます。採用担当者は一目で学生の性格を見抜き、その場で採用が決まっていきました。

イレギュラーな採用方法かもしれませんが、企業としては優秀な、そして自社に合う人材を素早く見極めることができるので、麻雀就活支援は企業・学生どちらにとっても有意義だったと思います。

大学時代は仕事で忙しかったのですが、効率的に勉強もして、留年などすることなく4年で卒業しました。いろいろなビジネスをして、社会の裏表も見て、大きなお金も動かして、ひどい目に遭ったりした4年間でした。合宿運転免許と麻雀就活だけをやっていたのではなく、ここに書ききれないほど、さまざまなビジネスをやりました。

そして、大学を卒業する頃には、「僕はもう十分仕事をして稼いだ、一生分のお金は手元にあるからリタイアしよう」という気持ちになり、卒業後はなぜか安いマンションのワンルームにひっそりと住んで、やさぐれていたんです。本当に何もしていませんでした。22歳で実質リタイア。家を出て一人で生き始めた14歳からの8年間で、他の人が一生かけて経験することをやってしまいました。なので、22歳の僕は、60歳で会社をリタイアする人と同じ感覚でした。それだけ、それまでの8年間で身も心もズタズタになっていたんです。

儲けるには人脈づくりが大切

話を大学の頃に戻します。

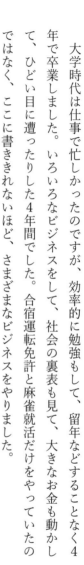

大学に入ってまずやろうと思ったのは、学生をたくさん集めることでした。なぜならば、人をたくさん集められる人はすごい人だと思っていたからです。当時は、自分がすごいと思える人になることを目指していました。

ではどうやったら人が集まるのか。それには、日本一大きいサークルを作ればいいと考えて、思いついたのが麻雀だったんです。麻雀のやり方なんて、全然知らなかったのに、です。それでも、ゼロから勉強して、結果的に大学時代にプロ雀士にまでなりました。決して、麻雀が好きだから突き詰めたのではありません。麻雀が日本中の学生を集めるのに一番適しているジャンルだと確信があったからです。

日本の麻雀人口は1千万人と言われています。1千万人もの人が麻雀をやっているなら、学生だって相当な人数が麻雀をしていると思い、まずは母校の早稲田大学に麻雀部を作りました。その後、全国を回って150くらいの大学に麻雀部を作り、学生麻雀部連合（現・学生麻雀連盟）を立ち上げて会長になりました。学生麻雀の全国大会を企画し、成功させたりもしましたし、今現在も連盟の副理事長として名を連ねています。

麻雀部を全国の大学に作ったおかげで、各地に知り合いができ、「麻雀以外でも何でもやるよ」「何か企画するなら協力するよ」と言ってくれる人たちが増えました。そこで、どんな大学の学生もウェルカムなインカレサークルを、ありとあらゆる種類、何百も作り、日本各地の大学から人を集めることができるようになりました。じゃあ、次は何をしようかなと思って、そのときに始めたのが合宿運転免許のビジネスでした。20歳くらいのときです。

当時、自分が関係している学生の団体のメンバーが10万人以上いました。そこで、合宿運転免許の会社と話し合って、合宿運転免許の相場が25万円くらいだったときに、僕たちの団体用に、一人17万円で販売してくださいとお願いしました。

相場より8万円は安いですが、全国にいる仲間を通じて人を集めれば、毎年そこの会社へ何千人という学生が申し込むし、学生としては相場よりも3割以上安い金額で免許が取れるなら喜んで申し込みをしてくれるだろうという算段がありました。

最終的に会社の方も、17万円の金額でOKしてくれ、その合宿運転免許のコースは大盛況となりました。

僕としては、一人につき1万3千円のコミッションをもらうことにして、人を集めてくれている各サークルには集客人数×3千円を協賛金として僕のコミッションからバックすることにしました。僕と各サークルの間でWIN-WINの関係を作るためです。

なので、仮に100人を合宿運転免許に集めてくれたサークルには30万円が協賛金として入り、僕の手元には100万円が残りました。

しかし、こういった人集めのビジネスでは注意してもらいたい点があります。

合宿運転免許の話でいうと、メリットは学生向けに全国最安値の17万円で運転免許を取れる仕組みを作り、自分も大きな収入が得られるだけでなく、協力してくれる人たちや団体に、利益の一部を渡すことができる点。免許を取る学生も、協力者も、僕も、三方良しの状況でした。

しかし、その一方でデメリットもあります。ビジネスを広げるために、ネットワークを全国に作り維持していくには、それなりにお金がかかるという点です。自分が動いてこそ、他人も動くので、僕自身、学生時代は全国の大学を訪れるための交通費などは、自腹を切っても必要な時期に必要なだけ使っていました。

人集めビジネスではないですが、僕がしている「1円不動産投資」も実は三方良しの状況になっています。「1円で引き取りやがって、けち臭いな」と実態を知らない人は思うことがあるかもしれません。しかし、扱いに困っている物件を1円で引き取ることによって、もたらされるメリットがあります。1つ目は、安く手に入れた物件なので、家賃を安くできて、住むところに困った人に安く貸せること。2つ目は1円で引き取ったのだから安く貸しても利回りが高くなるので儲かること。3つ目が、儲かっている僕の不動産投資の方法を他の人も真似るようになり、将来的に空き家問題が解決に向かう、といった良い循環が生まれることです。

「1円不動産投資」でも、僕はきちんと儲けているから何も問題はありません。僕も儲けて、空き家を処分したくて困っている人も喜び、家を安く借りたい人の助けにもなっている、まさに三方良しのビジネスと言えるのではないでしょうか。

自分をブランディングすることも儲ける手段となる

自分をきちんとブランディングすることも、お金儲けにつながります。

大学生の頃から、永野さんに付いていったら絶対にいいことがあると思われる雰囲気があったようです。「この人に付いていったら、成功する」みたいな。

資格を取得することで成功体験を得て、その自信が表に出ていたのかもしれませんが、その頃よく他人からは「自信に満ち溢れているね」と言われていました。

しかし、大学に入るまでに100個の資格を取ったことは、高校時代の一部の同級生しか知りませんでした。20歳で資格絡みの本を出すまで、誰も知らなかったんです。なので、資格を持っていたからみんなが付いてきたわけではありません。

僕自身もたくさんの人と出会う努力をしていました。当時はSNSの中でもフェイスブックが全盛期で、東京のイベントを検索すると学生主催の飲み会がたくさんヒットしたんです。念のために言っておくと、今はそんなことはできません。しかし、当時は、そんな感じで飲み会を調べることができたので、ただの飲み会以外のほぼすべてに参加するようにしていました。1日に3カ所程度回っていて、1回参加すると3千円はとられたので、1日に1万円は使っていたと思います。だから年間で300万円くらいを人との出会いにつぎこんでいました。そんなことをしていたせいか、すごいスピードで人が集まり出したんです。

新宿にある喫茶店の会議室に100人くらい集めたこともありました。一人ひとりと話していって、大学でやっていること、これからやりたいこと、全部聞き出してメモするんです。「１００人分、全部聞きましたが、○○さんと○○さんはこういうことをやりたいので、今から組んで一緒にやってください」と言って、その場で組ませていきます。そうやって、その日だけでサークルを10個くらい作っちゃいました。サークルだけ作るのではなくて、10万円を出すから好きにやりなよと。そんな感じで集めた人といろいろなことをやっていました。

資格を取得して得られた自信が、人を惹きつける魅力を生んだのかもしれませんし、人が集まり出したところに、人は集まりたがるのかもしれません。しかし、人集めをしようという意志が強かったことは間違いなく、集まってくれた人に対して不誠実な態度を決してとらなかったことも、僕のブランド力を上げてくれた一因かもしれません。強い意志を持って動けば人は集まり、その人たちと一緒に何かをすればまた人が集まり、人が集まればお金も集まります。それと同時に中心にいる人間のブランド力も高まる、そんな感じでしょうか。

よく、「永野さんって何者なの?」と言われますが、一言で言うと「選択肢を与える人」です。

どんな選択肢かと言えば、たとえば、僕は本体である建設会社とは別に子会社をたくさん作ってきました。子会社を作るときに、必ずすることがあります。その子会社の社長になる人に選択肢を与えるんです。やりたいことがあったとしても、その人にはたったひとつの目標しか見えていません。僕は、その目標を10個、20個と挙げて、その中から本当に一番良いと思うものを選んでもらうんです。その社長と会社が持っているものすべてを活かせるような選択肢を全部出して、選んでもらいます。普通のオーナーは、その社長にひとつの目標を与えるだけですが、僕はいくつもの選択肢を与えて好きなものを選んでもらいます。

仮に、その社長がアイドルのプロデュース業をやりたいとします。だとしたら、そこから可能性を広げて選択肢を探っていきます。まず、どの地域でやっていきたいのか。その社長が東京の人だったら、普通のオーナーは「東京でやってね」となります。しかし僕がオーナーだったら、どこでやりたいかを聞いて、「名古屋や大阪にも興味がある」と言われたら、「じゃあ、東京、名古屋、大阪で、確認しうるすべてのアイドルのライブを見てきてね」と言います。全部のライブハウスでいろいろなグループを見て研究して、東京、名古屋、大阪のどこでやるべきかを自分で考えてくださいと。そのうえで、どこでやるのがベストかの話を進めましょうとなる。そういった選択肢を僕は与えます。

もしも、僕の会社が東京に支部を作りたいから、東京でやってくれと言えば、その人は東京でやるでしょう。でも、その人が何かをやりたいのだったら、それを尊重しながら、その人が自分では考えが及ばない範囲まで可能性を広げて選択肢を出していきます。

こうした一連の流れは相当なビジネス経験がないとできません。東京でアイドルのプロデュース業をやりたい人を、わざわざ名古屋と大阪に行かせて、そこのライブハウスを全部研究させる、選択肢を持たせることは、普通のオーナーは考えられません。でも、それが僕のビジネスでの立ち回り方です。

もちろん、大半はうまくいきますが、10の会社を作れば、ひとつか二つはつぶれるので、うまくいかなかったことをしっかり教訓として、その確率を減らしていくという作業を繰り返しています。

躁鬱だから成功できる？

自分は躁鬱だから成功しているとも言えます。

16歳から18歳の頃、僕は鬱状態でした。当時はすでに日本地震学会にも所属していたので学会に参加するときは外出していましたが、あとは高校への通学と資格試験の受験くらいでしか外には出ませんでした。なぜ地震学会に所属することになったのか、その経緯については、次の機会にお話しします。

天才と呼ばれる人や、有名な実業家の中には、たまに自殺する人がいます。僕は、あれは躁鬱が原因で鬱のときに自殺したんだと思っています。でも、躁鬱は成功に必須です。人間は誰でも躁と鬱を持っています。躁鬱というと病気だと思われますが、僕にとって、それは波です。自分が鬱のときは、流れが悪い状態なので、それとはっきりわかります。病んでいるとかではありません。本当に何もかも、すべてがうまくいかないんです。悪いことがずっと重なります。10コンボ、20コンボ、30コンボみたいに。ずーっと、下がるところまで下がります。でも、いいことが一個でもあると30コンボがゼロになります。そして、そこからはいいことが続いていくんです。自分は躁鬱状態を、都合よく曲解しているだけですが、躁鬱だからと思い込むことによって、ダメなときはじたばたせずに、あきらめがつきます。

昔から、「声が大きいよね」「発達障害があるよね」とか、いろいろと嫌なことを言われてきました。全部そのとおりだと思います。でも、僕はそれを全部言い換えます。声が大きいのは、リーダー格だから。もしもマイクのない時代に生まれていても、1千人の前で話せます。声が大きいのは、リーダーとして人をまとめないといけないからだと、昔から思ってきました。学生時代には、麻雀部の合宿で200人くらいの前でマイクなしで話す機会もありました。「ほらみろ、声が大きいことのどこが悪いんだ」と思うんです。だから、悪い意味で言われたことをプラスに捉えるので、躁鬱も、ただの波だとプラスに捉えています。躁鬱を波だと思うと、悪いことが重なって下に沈むのは、「高く飛ぶためには思いっきり低くかがむ必要がある」とノーベル生理学・医学賞を受賞した山中伸弥先生も言っていましたが、僕もそういうことかなと思っています。

発達障害も、顔や言動を客観的に見ると、本当にそうだなと思います。他人とは時間の軸が違って多動なんです。つまり、動くコマ数が多い。アニメでも、4コマもあれば、京都アニメーションが作るものみたいに滑らかに動くきれいな絵もあります。僕は多動なので、きれいな絵の方です。きれいな絵は、コマがいっぱい動いている。ということは、他の人よりも経験が多くできると思っています。多動が良い悪いという話ではなくて、自分はこういう人間なんだとなるべく早い時期に見極めて、それに合った生き方をしたら苦はありません。

失敗してください

僕の最初の不動産投資は失敗でした。

なぜなら、周辺の不動産情報も相場感覚もないまま、地元の不動産屋さんに言われるままに高値で買ってしまった物件だったからです。

東京や大阪、名古屋などの大都市近郊の相場と比較してしまった面はありますが、僕にとっては大いなる失敗でした。

そのため、不動産で損したものは不動産で取り返すという気持ちが強くなり、それから不動産についていろいろと勉強しました。相手の手の内を勉強しなければ、戦いには負けます。不動産関連の税務や法務、不動産売買の仕方、業界の仕組みや商慣習など、数カ月かけて十分に勉強しました。

失敗をそのまま放置して、そこから何も学ばなければ、不動産投資に限らず、どんなビジネスをやっても成功することはありません。

どんな取引でも失敗はあります。取引リスクは絶対にゼロにはなりません。リスクを減らすためには、取引に必要な知識を短期間で十分に頭に取り込まなければいけません。

しかし、失敗して初めて、取引やリスクの真実も見えてきます。

だから、僕が主催する個人的な勉強会、サロンと呼んでいますが、そこでは、何にでも挑戦して失敗してくださいと、あえて「失敗」という言葉を使って伝えています。

みなさんには失敗してほしいのです。失敗した分しか成長できません。

僕の場合は、成功したとしても、その中から失敗を見つけます。１００％の成功なんてありえませんから、成功の中にも必ず失敗が潜んでいます。

今力を入れているアイドルプロダクションの経営でもそうです。

アイドルグループのライブをやって、実は自分で照明もやっているのですが、周りから「すごくいいイベントだね」「こんなに照明にこだわっているライブないよ」と褒められても、「この曲の、このタイミングで、この照明のフェーダーは抑えればよかったな」と思っている自分がいます。

ビジネスで褒められても絶対に僕は心の底からは喜びません。もっと、やれること、失敗を減らすやり方が絶対にあると思っているからです。

「1円不動産投資」「山投資」にたどり着いた理由

この章の最後に、なぜ僕が「1円不動産投資」や「山投資」にたどり着いたかを簡単にお話ししておきます。

先ほども触れましたが、最初の不動産投資には失敗しました。それが、長野県岡谷市の180万円の家でした。近隣の不動産屋に、「こんな物件、ただでも買わないよ」と言われてしまいました。振り返るとその一言がきっかけです。「ということは、世の中にはただの物件、無料の物件があるんだ」と気づかされたんです。

そこから損をした180万円を回収するための、不動産投資の旅が始まりました。180万円を取り返すために、物件を購入するときには値引きをずっと繰り返したんです。

誰でも買える値段ではなくて、業者が買える値段からの値引き分が180万円にならないと納得できないと思って、鬼の指値をし続けました。ちなみに、不動産業界では、大幅に安い値段で交渉することを鬼の指値と呼んだりします。僕の指値は、「無料の物件があるんだ」と気づいたときから、1円でした。

安い物件の場合は、不動産屋は「1万円でいいよ」と言ってきます。だいたい、提示されるのは万の単位です。でも、考えてみてください。1万円という数字には根拠がありませんから、1万円でいいという物件は1円でもいいですよね。9千999円は無駄です。

苦労していた14歳の頃に、9千999円が手元にあったら人生が変わっていたなと本気で思います。14歳の苦労は、絶対に忘れません。忘れるなんてありえない。当時のことを忘れていないからこそ、9千999円も多く払うなんて絶対に嫌です。だから「1万円でいいよ」と言われたら、「1円でお願いします」と言い返します。むしろ「1銭でお願いします」と本音では言いたいくらいです。

昔の1銭硬貨は、今は10円で取引されています。1円よりも、逆に高くなっているんです。今の日本ではアルミニウムの1円が一番安い。もしも、10物件をまとめて1円にしてくださいと言えば、1物件当たり1銭になります。実際に1円未満の取引ができるんです。そうやって極限まで金額を下げたいというのが本音。

当然ですが「1円で」と言ったところで、99％の不動産屋には断られました。もちろん不動産屋が持っている物件ではなくて、仲介なので不動産屋がオーナーに交渉してくれる感じでした。しかし、粘り強く電話をかけ続けていくと、1円でもいいから引き取ってほしいという物件に出会えることもあったんです。本当に安く買えるんだと実感できました。

そんな取引を続ける中で、とある新潟の物件に出会いました。もともとの販売価格は200万円でしたが値引き交渉の結果50万円まで値段が落ちました。もうちょっと安くならないかと粘っていたら「山も引き取ってくれるなら安くできます」と言われたんです。結果的には、戸建てと山をセットで引き取ることになり、20万円で買うことができました。これはクリティカルヒットでした。その取引がきっかけになり、山を買うようになったたんです。その後、山も、１円どころかマイナスで買うようになりました。

ちなみに、50万円という指値には根拠がちゃんとあります。

２００万円というのは、売り主が言っている金額ですが、大事なのは、自分がその物件をいくらならば欲しいかだけです。これ以上安く買ったら失礼だなとか、これ以上だったら他にも買う人がいるよね、という金額のラインが不動産にはあります。不動産は一般的にはけっこう高い金額での取引になるので、僕のように何軒も買う人はほとんどいません。２００万円の物件を買える人もそれほど多くないんです。買った物件を修理して、賃貸するとなると、数十人くらいしか買える人はいません。だから、自分以上に買いたい人が出す金額というのがあるので、その金額を見越して査定するんです。他に買いたい人たちがいても、持っている資産で買える軒数は限られます。仮にその人たちの予算が50万円だったら、その人が50万円で物件を買う可能性は低いんです。でも、僕だったら50万円であれば何十軒と買えます。そこは強みです。だから、買いたい人たちが買える最低の値段で買えばいいんです。この場合はそれが50万円でした。

その計算式もちゃんとあって、不動産屋にも見せます。それを見せることで不動産屋も納得してくれます。以前、計算式でルートを使ったら、「なんで不動産にルートが？」と驚かれたこともありました。安全率を計算するときに必要になるんですけどね。

今では、お金をもらって引き取るマイナスの取引が普通です。ちなみに、1円にしたのは節税のためです。0円のものを1円にすることで、登記手続の際に納める土地の登録免許税を0・5％も安く抑えられます。仮に30万円の土地を売買したときには1千分の5なので、1千500円の節約になるんです。だから1円を払うだけで1千500円返って来るんです。そのために1円にしています。0円にすると贈与になるからダメです。

山も不動産と同じく、1円で買うようにしていたら、ある山の端に電柱が立っていました。買った後に不動産屋から「電柱があります」と教えられて、「だったら何かあるんですか？」と聞いたら、1本当たり年間で1千500円入りますと言われました。

電柱はお金を生みます。1本当たり、年間1千500円入ってきます。1円で買った山から1千500円の収入があるなんて、信じられない高利回りです。そこで山の価値に初めて気づきました。

電柱は、あればお金になります。不動産屋は言い忘れていたみたいです。電柱の中でも、それがもしも送電塔であれば、年間で1本何十万円と入ってきます。送電塔は電柱の何倍もお金が入ってくるので、電柱から送電塔へと積極的に替えていきました。そのおかげで、入る金額もどんどん増えていきました。

つい先日、福島県に持っている山の送電線に、木があたりそうなので伐採させてくださいと連絡が来ました。どうぞと言ったら、保証料として200万円もらいました。1本いくら、という金額が設定されていて、数百本切ったので大きい額になったようです。山林は、そんなことが起こるので、けっこう面白いなと僕は思います。

そして、いつしか日本全国の山を買うようになり、「山王」という肩書を世間から付けられたという感じです。もちろん「1円不動産投資」も続けています。

PART2からは、いよいよ僕の成功法則を紹介していきます。

どうやって、今の成功を手に入れたのか。僕の14歳から今に至るまでの経験と、僕なりの成功法則を、すべてガラス張りにしていきたいと思います。

PART2

永野彰一の思考哲学

思考哲学① 逆転の発想

成功するには、逆転の発想が大事です。

「こんな物件、ただでも買わないよ」と言われたら、ただで買える物件があるんだと気づき、「山も引き取ってくれるなら安くできます」と聞いたら、引き取ればお金がもらえる山があるんだと気づくこと。

何かがあったときに、逆って何だろうと考えるのが僕の癖です。これまでの人生で、さんざん人に嫌なことを言われた経験からそう考えるようになりました。ネガティブな話をされたら、自分でポジティブな話に変えます。

そういう発想は、お金に苦労した14歳の頃に身につきました。お金がない状態からビジネスを始めた成果とも言えます。当時から、資金ゼロで新規参入できるビジネスはけっこう限られていて、おそらくビジネス全体の1％程度しかなかったと思います。でも、僕は14歳の頃から、その1％に参入して、ゼロから始めて、今の成功の礎を築きました。すべてのマイナス要素をプラスに、ポジティブに捉える逆転の発想がないと、できるビジネスなんか今でもほとんどありません。

最近でもありました。「いつまでも若くないよ、車で下道走るのなんか30代だけだよ」と言われたんです。僕は、基本的には高速道路を使いません。日本全国、下道で移動します。理由はいろいろあるのですが、とりあえず今後もそうするつもりです。でも、「30代までだよ」なんて言われたとしても、じゃあ30代のうちは全国の下道を走れるんだと、すぐに脳内変換してしまいます。

人から悪いことや嫌味を言われたときに、その中身を逆転して考えたことが、すべて自分のチャンスになってきました。人の嫌味によって自分は成功してきたと言ってもいいくらいです。これ自体、嫌味な話ですけど。

昔は「30歳までしか好き勝手に生きられないよ」とも言われました。

じゃあ、30歳を超えても、好きに生きてみようと思います。もし70歳になったときに、「もう長くないよ」と言われたとしても、長くないと言われている70歳の人たちのコミュニティを作ったら共感して人が集まるなとか、全部プラスに考え直します。嫌味を言われることがすごく多いので、言われたら逆転させてきました。その発想があったから、「山王」にもなれたし、「1円不動産投資」でも成功してきたんです。

誰でも、嫌味なことを言われたりすると思いますが、落ち込む暇があったら、逆転の発想でポジティブに変換してみてください。新しいアイデアに出会えて、嫌味を言った人に感謝したいくらいの気持ちになるかもしれません。

思考哲学② 他人と違う発想法を生み出す

世間では、よくひとつのことに精通して、その道のプロになれと言いますが、僕はそう思いません。

ひとつのことだけを集中してやると逆に伸びなくなります。僕は、いろいろことを同時にやって、それぞれから深い知識を得て、それを活かして投資やビジネスを多角的に展開する方が、より良い結果に結びつくと思っています。いろいろなことを同時並行的にやることで相乗効果を生みます。だから、いろいろなことに興味を持ち、いろいろなことを発信し続けることで、相互間のエネルギーが倍増して、気が付いたらとてつもない結果を生むことになるんです。実は、億単位で資産を持っている人は、けっこうそれができています。

他人と同じことをするのではなく、逆のこと、違うことをすることも大切です。そうすることで他人と違う発想を生み出す能力が身についていきます。

僕がいつも人と違う発想をしたいと思っているのは、他人の中に埋もれたくないという思いが強いから。小さい頃に自分が置かれた環境が最悪で、どうにかしてここから抜け出したいと強い意志を持って這い上がってきたことが背景にあります。

他人と同じことをしても、他人と同じ結果しか得られないし、自分は変われないと思い、いつしか他人とは違う発想で物事を進めた方がいいと考えるようになりました。

他人がやっている逆のこと、ネガティブをポジティブに変えたり、裏を読んだりしていたら、株式投資でも、不動産投資でもブルーオーシャンや宝の山を見つけることができるようになりました。他人と同じことをやっていても儲けにつながる独創的な投資法は生まれたりしません。

たとえば、普通の人が、株式投資で株価が2千円の株に単元株100株、20万円分投資するとします。僕なら逆に、株価2千円の銘柄のものを1株ずつ100銘柄買うという方法を取るかもしれません。

普通、株の投資をする人は、そんな邪道なことはしないと思いますが、それが他人と違う発想です。単元株を買うのが普通で、1株だけ買うのは株式投資とは言わないという人もいるかもしれませんが、1株でも利益を得る方法はあります。そんな感じで、世間の常識とは異なる発想をしていくんです。

日本では、株主優待制度を設けている会社もあります。通常、単元株で所有する株主向けですが、会社によっては1株から株主優待をもらえるところもあります。

1株でも株主優待をしてくれる会社を調べてみて、その会社の株価が数百円でも、株主優待として毎年500円のクオカードをもらえるなら、1株だけ買って持っている意味があるのではないでしょうか。

思考哲学③　知識は短期間で集中して入れ込む

知識を貯めこむには3年から5年は必要です。

不動産の本を出すまでに僕は4年かかっています。4年間は一切メディアに出ていません。初めてテレビ東京に出たのは、不動産業を始めて4年経った後。最低でも3年間は知識を本気で蓄えてアウトプットしないことが大事。

短期間で詰め込む場合は、1日が基本。

なぜなら、人間は寝たら忘れる生き物だから。やれることは、その日のうちに全部やること。たとえば、1日で100個のことを頭に詰め込むのと、100個をばらして数日に分けて詰め込むのとでは、すさまじい違いがあります。バラバラにした時点で、100個すべてを詰め込むのには、労力が2倍、下手したら3倍必要になります。とにかく、その日にできるのならば、その日にすべて詰め込むこと。

ちなみに、僕はプロ雀士ですが、点数計算は1日で覚えました。麻雀では点数を計算することが基本になるので、覚えてしまえば雀荘に行くことができます。だから、僕は点数計算を1日で覚えて、その翌日から雀荘に行って麻雀卓を囲むことができたんです。

ビジネスでも、今日話しても明日話しても同じ内容のことでも、今日話せるなら今日話した方がいいんです。明日になったら、ビジネスが進まない可能性が出てくるからです。

当たり前のことですが、とにかくその日できることをその日にやる。やっているようで、できていない人が多いんです。

思考哲学④　助かる人が多いほど成功する

お金が流れていく中で、僕は誰がどう助かるかを考えます。助かる人が多ければ多いほど、そのビジネスは成功します。

しかし、世の中には助かる人が多いという状況を逆手にとる人もいます。

ある有名な不動産投資家で、僕が苦手な人がいます。

なぜなら、「ボロ家を買ってきて、生活保護の奴を詰め込めばいい」という言い方をするからです。自分が住みたくない物件だからそういう言い方をするんだと思います。

彼の不動産投資は、安い超ボロ家を仕入れて、3万5千円で生活保護の人を入居させる、というやり方です。でも、そんなやり方は人のためになりません。当然、彼に物件を売りたいなんてみんな思わないし、彼の物件に入居する生活保護を受けている人の満足度も下がって、自分はこんな生き方しかできないんだと意気消沈します。そんな悪い流れを作っているんです。だから、彼は年収で1億円は稼げないでしょうね。

僕の場合は、処分に困っている安い物件を買って、自分が住みたいと思えるくらいに自分たちでリフォームします。業者にリフォームを頼むとコストがかかるので、一時期ですが建築現場に入って勉強させてもらい、リフォームの技術を習得しました。きれいにリフォームした物件は、生活保護の人に安く貸し出しています。

それから、精神障害がある人にアパートなどの集合住宅から戸建てに引っ越してもらう活動もしています。精神障害の人は、症状にもよりますが、集合住宅に住んでいると、周囲の騒音がうるさくて寝られないことがあるんです。ちょっとでも物音がすると、壁を殴っているように聞こえたりします。そういう人が戸建てに住むと生活環境が一気に改善されて、静かな暮らしができます。

しかし、日本の法律の不備だと思うのですが、生活保護の人が入居するときは、家賃の約10カ月分のお金が出るので、大家さんには3万5千円の家賃だとしたら35万円が入ります。しかし、その後に引っ越すと、初期費用や引っ越し費用は1銭も出ません。

でも、僕は、引っ越しも手伝います。入居者の生活保護の人はきれいな部屋に引っ越せて満足度が上がり、僕も生活保護費としてのお家賃が入るようになりますから収入が増えます。もらえなかった初期費用は、前のオーナーさんが取っておけばいいんです。こういう活動をしているからか、ただで物件を引き取ってほしいという依頼もきます。だから、無料の家がくればもうそれでいいんです。僕のこうした活動でどのくらい多くの人が得するかが大事です。

安い家を買って生活保護の人を「ぶち込む」なんてことをしても、誰も助かりません。そんな目に遭う生活保護の人たちは、自分と出会えていたらよかったのにと思ってしまいます。

思考哲学⑤　実業とは人が困っているものへアプローチすること

実業は何かといったときに、僕の線引きははっきりしています。

そのお金の循環によって助かる人がいるのかどうかです。

たとえば、株だったら、自分が儲けるために売買しているだけでは実業とは言えません。でも、ビジネスをやりたい人がいて、事業計画が明確なのに銀行が相手にしてくれなかったとします。どれだけ素晴らしい計画でも、銀行は本当にお金が必要な人に対してお金を貸し渋る傾向にあります。５００万円で開業できて、その先の展望がしっかり見えているのに銀行が貸してくれない。そんな人に僕が５００万円を出資するとなれば、これは実業です。

出資した相手がビジネスに失敗したところで、一緒に頑張っていこうという相手だったら痛みはありません。人が困っているものに対してアプローチすること、出資することは実業だと思います。

まずは、自分の周りの人たちを幸せにする投資やビジネスを最初にやった方がいい。

僕が不動産に強くなることで、たとえば、周りの人たちが災害で困ったときに、僕が持っている家に泊まっていいよと言うこともできます。最終的に、家族や親戚に帰結する話がいいと思います。災害で困っている人を助けるときに、食べ物を提供できる農家さんは、人のためになっている度合いが1から100まであるとすれば、100に近い人たちです。

自分で始めたビジネスの先を考えたいならば、一度全体を見つめて、このビジネスは最悪、周りの人たちを助けられるかなと考えてみてください。

ちなみに、FX（為替取引）はゼロサムですが株はゼロサムではありません。為替は、丁半博打と一緒で、買いか売りかの可能性はほぼ一定です。しかし、株は人が買い続ければ、上がっていくようになっているので、FX（為替取引）よりももっと良い商品です。だから、株はギャンブルではないと思っています。ちゃんと成長する株に投資すれば、上がっていくので、ほぼ儲かります。

それに、世界では今インフレが起きているのでお金は増え続けるようになっています。

日本だって例外ではありません。出している補助金の額が異常ですよね。そのお金、どこから湧いてきているのかと思います。お金を増やし続けている状態なので、インフレが起きるのは当然です。今の日本はお金が増え続けているということを、誰でも感じているはずです。

僕が以前やっていたＩＴ系の仕事は、困っている人を確かに助けてはいましたが、それが目に見える形ではありませんでした。助けている人が目に見えない限りは、稼げる額は決まってきます。僕が今やっている不動産投資の場合は、借りたい人と空き家で困っている人とをつなぐ、助かる人が見えるビジネスなので無限に続いていきます。

より多くの人を助けられることが明確なものにどんどん切り替えていくと、稼げる金額も増えるし、自分のステップも上がっていくはずです。

思考哲学⑥　誰よりも儲ける大切さ

困っている人がいる分野への投資を積極的にやっていくことで、僕は誰よりも儲かるようになりました。誰よりも儲かればみんなが僕のやり方を真似します。真似してくれれば、たとえば、僕が取り組んでいる「1円不動産投資」が、空き家問題を解決することだって可能です。

世の中で、それってどうなんだろうと思うのは、立派なテーマを掲げたNPOなどの団体が、正当な利益もとらずに、自己犠牲をしながら、一緒にやりましょうというケースです。補助金をもらって給料を払っているようなNPOの団体が、「全然稼いでないけれど、こういう活動を広げたい」と言っても、説得力がありません。付いていく人は限られます。「この分野でこれだけ儲かっているから、一緒にやろうよ」と訴えるのが一番手っ取り早く人に賛同してもらって一緒にやってもらえる方法です。だから、僕が誰よりも「1円不動産投資」で儲けて、みんなが追従すれば、空き家問題だって解決できます。

僕は、好きなことをやって好きなだけ稼いでいます。だから、みんな真似したがるんです。実際に、山の問題とか空き家問題はどんどん解決しています。全国の空き家は848万9千戸（総務省統計局平成30年住宅・土地統計調査）もありますが、僕が直接関わったのは1千案件を超えます。これからもどんどん解決していきます。

自分が稼がないと人は付いてこない、だから自分が稼がないといけないというのは、強引で都合のいい考え方かもしれません。

でも、中国人がお金儲けに長けているのは自分に都合のいい考え方をするからです。だから、考え方がコロコロ変わる人は都合がいい人が多いけれど、成功するし、暴君だし、話だって圧倒的に面白いんです。

中国人の成功者が、相対的に見て日本人よりも多いのは事実です。それは自己中心的な人が多いから。だから、自分はその自己中心的な考え方を貫くために、他人に迷惑をかけないように、自分が誰よりも稼がないと人は付いてこない、という解釈をしています。これは人に危害を加えないし、迷惑もかけなくて、人に恩恵しか与えない自分勝手なマインドです。

効率的に動こうと考えるから人は動けなくなるんです。考えが先行した時点で物事は動かなくなります。

思考哲学⑦　目標を定めず、知識を集約させない

普通の人は、目標を設定して、ピラミッドの頂点を目指して、頑張っていきます。でも、僕はすべての方向へ向かっているので、逆ピラミッド型なんです。すべての方向とは、気になること、やりたいこと、すべてです。永久に逆ピラミッド型でやりたいことをやり続けるつもりです。目標を聞かれることがありますが、目標を定めていません。あえて言えば、何でもできるようになること。だから、できることすべてをやるのが逆ピラミッド型です。

ピラミッドの頂点を目指してしまうと、それしかできない人間になります。ピラミッドと逆ピラミッドでは、表面積も体積も桁違いです。後者の方ができることが圧倒的に多くなります。僕はこれまでにも同時にたくさんのことをやり続けてきました。麻雀もプロ、バレエダンサーもプロ、日本地震学会の会員でもありますが、ここには残念ながら全貌を

書ききれません。

ひとつのターゲットに絞らず、知識を早い段階で集約させず、やりたいことを同時並行的に続けていけば、できることが増えて、可能性もどんどん広がっていきます。

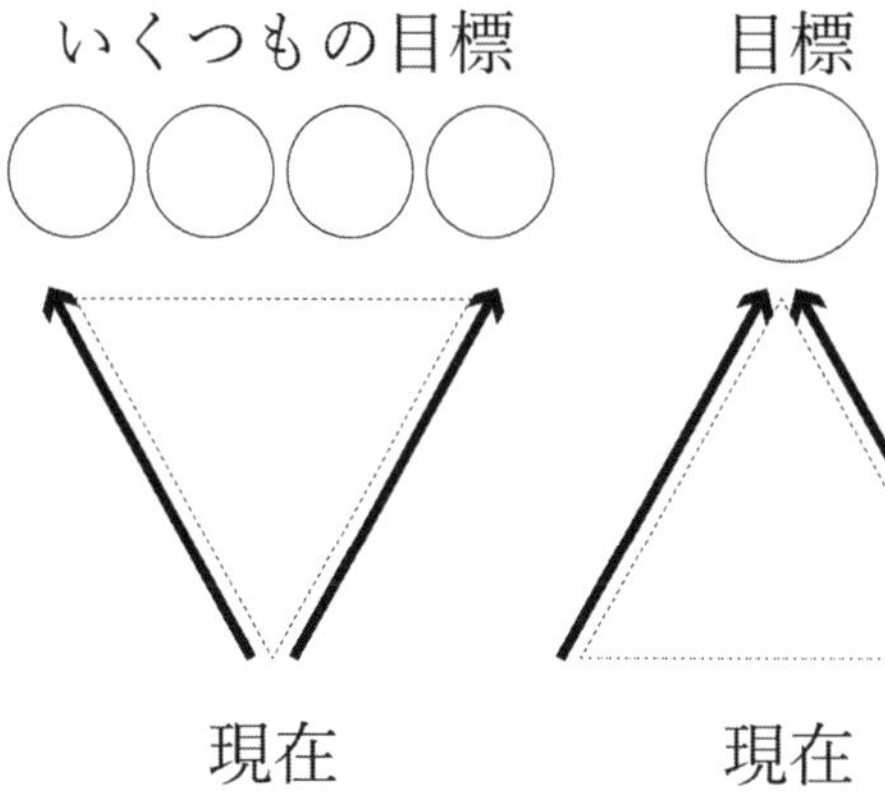

思考哲学⑧　ひとつのことしかできないと生き残れない

ひとつのことができるだけではダメです。

これからの時代は、それでは生きていけません。ひとつのことしかできない人は、自分を犠牲にしないと生きていけなくなります。あれもできる、これもできる人は、世間的には器用貧乏と言われますが、そんなレッテルはひとつしかできない人たちからの、妬み、僻みです。だから、他人から器用貧乏と言われたら、僕のことが羨ましいんだなと思うようにしています。

日本の高度経済成長期には、会社組織をうまく動かすために上司の言うことを聞くYESマンを大量生産することが重要でした。学校もそう。先生の言うことを聞く生徒が優等生とされ、試験も決められた答えを探すマークシート対策の勉強をさせて考える力を奪っていきました。ひとつのことしかできない人間は管理しやすいんです。それに、人とは違う個性や価値観を受け入れられる人は多くないので、みんなとは違った人間を変わり者として差別してきました。

でも、経済は低迷し、成熟期に入った日本では、何でもできて、持っている知識も一流な人でないと生きていけない時代になっています。とはいえ、今はまだ既得権益者たちの力が強いので、ひとつのことをコツコツやる、管理しやすい人間が評価されています。

ブルーオーシャンや誰も気づかないような投資先は、人の言うことを聞いて、人と同じ発想をしていたら、何十年経ったって見つかりません。今のまま、マスコミやそこら中にいる金融評論家やマーケッターの意のままに操られている状態では、儲かるのはあなたじゃなくて、彼らだけです。

思考哲学⑨　学んで、身につける

前述したように、今、「山投資」「1円不動産投資」などの不動産投資の他に、愛知県名古屋市でアイドルプロダクションの経営もやっています。

新しい知識を「学んで、身につける」例として、僕が経営しているプロダクションのアイドルグループのライブでの出来事をお話しします。

ある日、ライブハウスへ行ったときのことです。

照明担当の人が来ていませんでした。普通だったらライブハウス側に「お金を払っているのに照明の人はなぜ来ないの?」とクレームを入れるところですが、「照明の人がいないなら、僕がやっても問題ない?」と言ってしまったのです。ライブハウスの人に「できるの?」と聞かれて、「何もできないですが、やります。教えてください」とお願いして、僕が照明をすることになり、ライブは始まりました。

その日は何とか無事に終了しました。でも、ステージは見るも無残な状態でした。素人が照明をやったため、ステージ上にいるアイドルたちの見栄えもプロがやるのとは全然違いました。

箱代はちゃんと払っているので、ライブハウス側も、誰が照明をやろうが問題はないのでしょうが、僕は「悔しい、素人にしてもあまりにもひどすぎる」と思って、その日のうちに、照明の本をアマゾン・ドットコムでオーダーしました。翌日には全部読んで、同じライブハウスに、もう一度ライブをやらせてくださいとお願いして、僕が照明担当でライブをやったんです。そこから、僕の照明の研究がスタートしました。照明の当て方、ライトの色の構成など、ステージを見ながら自分で毎日気になったところをノートに書き留めて、ライブの動画も撮って勉強を続けました。

それから、3カ月後。観客数が300名程度のライブハウスのライブイベントで照明スタッフをやりませんかと話が来ました。大手プロダクションのアイドルグループも出演する大きなイベントで照明をすることになったんです。

そのライブイベントをきっかけに、僕の照明技術が他のグループのプロデューサーたちの目に留まり、照明技師としての依頼も来るようになりました。今では、正式に照明のプロとして、1回2万円程度で仕事を受けるようになっています。

普通の人なら、照明の人が来なければライブは中止にするでしょう。ましてや、素人が照明を担当してライブを始めることはないと思います。

しかし、僕の場合は、自分ができる分野が広がれば、お金儲けにつながるという考えがあります。だから、照明の人が来ないなら僕がやればいい、できなければ勉強して知識を得て、できるようになればいいと考えたのです。

僕はアイドルプロダクションを経営していますから、専門学校に行って照明の技術を2年間かけて学ばなくても、舞台照明の専門書で知識を得ればいくらでも現場で経験を積めるという強みはあります。おまけに、その人がいないと困ることを仕事にできれば、収入を得る手段は増えていきます。

余談ですが、今では自社イベントでライブをやるときに、永野さんのイベントに出たら格好いい照明をやってくれると言って他のグループも出てくれるようになりました。

思考哲学⑩　情報は徹底して集める

不動産の物件情報は、もらった紙の量で軽く1トンはいっています。情報を集める、ということは、徹底してやっています。

しかし、集めた情報はいつまでも保管しておきません。あえて捨てることにしています。邪魔だということもありますが、情報が自分の身につけば必要ありません。業務日誌も一切要りません。でも、山の所在地は紙に書いて覚えます。それも覚えてしまえば捨てています。記録に依存したくないので、終わったら捨てます。

情報は大事です。

どこに何があるか、周辺がどういうところなのか、土地の相場などの情報は必ず手に入れます。不動産に限らず、何かをやるときには、ある程度の情報をきちんと取ります。

情報を分析するのが好きな人がいます。でも、分析するだけで、それ以上は先に行かないイメージがあります。僕は分析マニアではないので、やったこと、結果に関してノートはとっていませんし、とっていないから、当然、残してもいません。結果より、事前情報が重要だと思っているからです。

記録をとったり、分析したりする時間は無駄です。

どの銘柄を購入するかを決めるために株を分析するくらいなら、上場している会社を全部買えと言いたいです。無理な話というのはわかりますけど。

山も日本全国いろいろな市町村に持っています。北海道にも全市町村の半分くらいには山を持っています。そうなると、強制的にそのエリアに関わるので、市町村を知らないなんて言えません。だって、自分の山があるんですから。そうやって、実際に関わって、情報を自分のものにしていくことが大事です。

思考哲学⑪　学歴をお金で買う・信用はお金で買えない

昔、『ドラゴン桜』という漫画が流行っていました。その中で、東大だったら理Ⅲではなくて、理Ⅰに行け、手段を問わずに簡単なところへ行って東大卒という看板をもらえという趣旨のセリフがありました。そのとおりだと思います、学歴については、それが核心です。

僕が早稲田大学出身であることが、初対面の人の社会的信用を生んでいることはないと思っています。

なぜなら、出身大学を最初は言わないから。大学はどこを出ようがどうでもいいと思っています。では、なぜ僕が大学に行ったかというと、仕事で付き合うような団塊の世代の人たちは、卒業した大学を大事にするからです。自分たちの世代はまったく大事にしませんし、どこを卒業していても気にしません。でも、だからといって、どこの大学へ行ってもいいと判断する人は、同年代としか生きていけないし、社会がどういうところかを知らないと思います。

日本のように社会人の6割が会社員という社会では、出身大学名は、コミュニケーションをとるうえで、重要なファクターのひとつになると思っています。

今現在は、実質的に団塊の世代の人たちが世の中を動かしています。その人たちの価値観を知って、彼らに気に入られないと、ビジネスはうまくいきません。特に一部上場の老舗企業などは、組織が旧態依然としていますから、どこの大学を出たかが重要になるのは致し方ないことです。

さらに言えば、社会の第一線で生きてきた団塊の人たちは、学歴信仰が強いので、そういう人たちに「僕は早稲田大学を出ました」と言うと、「おお、早稲田か、いいね」となることを、両親が学習塾を経営していたために、小さい頃から感じていました。だから、早稲田大学を選んだだけです。

しかし、僕が今、取引をしている不動産屋さんからしたら、安い物件だとしても、お金をしっかり払っていることが僕という人物の評価基準になります。早稲田大学を出ていても、お金を払わない人より、出身大学は関係なく、高卒であっても、ちゃんとお金のやり取りができて、約束を守る人の方が信用されます。それは、どの業界でも同じです。だから、その業界にとって必要な人材にならないといけません。

自分がやりたい業界で、ある程度のポジションを築きたいんだったら、その業界にとって必要な人間になってください。学歴が必要な業界もあるかもしれません。

僕は、中学3年生で早稲田大学の附属高校に入ることを決めました。だから、そのときにすでに大学は早稲田と決まったのです。そして、高校3年間はそのまま早稲田大学に入ることを確定させながら、自分の好きなことをしました。そのうちのひとつが資格の取得です。すべて計算してやっています。

どうして早稲田だったのかというと、早稲田は、附属の高校がある日本で一番ネームバリューのある大学だったからです。慶應義塾大学には附属高校はないんです。慶應義塾高校は附属じゃない。全員が慶應義塾大学に行けるわけではありません。また、早稲田にも高等学院と本庄高等学院以外にほぼ全員が早稲田大学に行けるような附属はありません。

だから、自宅から通える範囲ということも考えると、早稲田大学高等学院しか選択肢はなかったんです。普通に勉強していれば全員が無条件で早稲田大学に入れる高校です。

小さい頃から自分の置かれた状況を客観的に見る訓練を、家庭環境などからいやでもさせられていたので、自分の周囲とどううまく付き合うか、どう立ち回ったらいいかを考えるのは、僕にとって難しい作業ではありません。早稲田大学を選んだのも、余計なことをしないで、目的に向かって最短距離で行ける道だったからだけです。

思考哲学⑫「時間」と「人脈」

時間の話は、難しい問題です。

なぜなら、時給で働く人は絶対に存在するから。たとえば、時給1千円で毎日働かないと生きていけない人は世の中にたくさんいます。

収入のピラミッドを上にあがっていくと、自分を支えてくれる時給で働く人たちが絶対に生まれます。たとえば、高速道路を使うと、関わっている人たちは、高速道路の作業員、料金所の人、ガソリンスタンドの人など、たくさんの人がいますが、みんな時給で働いています。そういうエッセンシャルワーカーと呼ばれる人たちが辞めてしまうと、僕の生活は成り立ちません。

その前提がある以上は偉そうなことは言えませんが、あえていうと、時間をうまく使って投資をしていくにつれて、時給で働く人が生まれることは事実だと認識して、感謝を忘れずにいることが大事です。

時間の割り振り、という意味でいうと、勉強よりも実地を大事にすること。

たとえば、不動産投資をやりたければ、専門の本を読むのもいいんですが、僕の本を読んだらそれくらいにしておいて、すぐに不動産屋に電話をしてください。1日でも早く、一件でも多くの電話をかけましょう。電話をかけて、情報を収集しながら、相性の良い不動産屋を見つけること、全部並行してやってください。

ちなみに、僕は自分がやるべきことを今は全部人に振っています。自分ができることをゼロにしようとしています。社長は一番、何もできちゃいけないんです。何もできないという姿勢で、みんなに仕事を分け与えていくのがベスト。仕事をせずに済む分、新しいビジネスの土台づくりに時間を割いています。

人が困ったときに頼りたくなる人に自分がなること。

そういう頼れる人脈を作ることも大事です。

困ったときに助けられる人になれば、自分が困ったときにも助けてくれます。少しブラックな言い方になりますが、自分が死んだとき、自分が倒れたときに困る人も作っておけば、その人たちも僕が困ったときに助けてくれます。そういう人間が僕にはいっぱいいます。

思考哲学⑬「時間」を効率で考えない

ここまで読んできた読者の方はもうおわかりだと思いますが、僕は、実は投資家としては時間を大事にしてきていません。なぜなら、常に総当たり制でやっているので、時間効率で動いていないんです。総当たりすればするほど結果は出ると、これまでの経験で理解しているので時間効率を考えません。総当たりについては、ＰＡＲＴ５でご説明します。

人生の残り時間は決まっているので、効率的に生きる方がいいとは思います。でも、効率的に生きることばかりに気を取られて、時間を短縮して何かをやろうとして損をしていることがたくさんあります。

先ほども触れましたが、昔から、僕は基本的に移動は車で、それもすべて下道を使います。下道で動くことによって行けた店、得られた情報というものは、高速道路を使うと得られません。お金も出ていくし、経験も得られなくて、時間だけが短縮されるのはすごく無駄に感じます。

高速道路は1時間走って2千円という計算になっているので、10時間を5時間短縮するとだいたい1万円くらい払うことになります。人には、「1万円なんか出せるじゃん、1万円払って高速使った方が効率がいいよ」と言われ続けてきました。

実は、僕は支出については時給1千円の人間になります。これについても後述します。だから、1千円以上の何かが得られなければ余計な支出はしません。効率的にやろうと考えすぎると、結果が得られなくなる可能性があります。

時間の先にあるものを大切にすることが大事です。

下道を走ることで得られたものとして、運転技能がひとつあります。それから、高速道路を走っていると、静岡県に入りましたと県単位で話が進んでいきますが、下道だと市町村単位になります。たとえば、静岡県は広くて、東部、西部、静岡エリアに分けられます。それぞれの地域に特色があります。静岡と言えば、静岡市のことだと思う人が大半ではないでしょうか。でも、静岡市のことは、地元では駿河か清水か葵と区の名前で呼び分けます。

地元の人との会話で、「清水の物件ね」と言われると、静岡を知らない人は「清水って何県なの？」から始まります。一方、僕は地元の人との話が早く進みます。「清水に駐車場を持っていますよ」と言ったら、「すごいね」となって、そこからの話の広がり方が全然違います。仲間意識が芽生えて話をどんどんしてくれるんです。そういう場面に出会うことは珍しくありません。

たとえば、1時間に10個作れるキーホルダーがあったとして、時間当たりの個数が増えれば、利益も増すという商売をやっているわけではないので、時間よりは、時間の先にあるものを大切にしています。

キーホルダーだって大量生産するよりも、思いを込めて作ったものの方が売れるにちがいありません。それよりも、いかに人が欲しがるデザインにするかを先に検討した方がいいかもしれないし。時間効率を考える前に、いろいろと考慮すべき要素はあります。

PART3

永野彰一の投資哲学

投資哲学① 投資とは

僕にとっての投資は、不動産や株だけでなく、IT系の仕事でお金を増やしたことも投資です。時給1千円のアルバイトで100万円を貯めることや仕事以外の社会経験を積むことも投資。成功体験を得るのも投資。あらゆることが投資になっています。

つまり、僕にとっての投資とは、お金を出して世の中にお金を流すことで、いずれはお金が返ってくるけれど、お金が循環する過程で何かしらのモノやコトを生むこと。それが投資です。

たとえば、建設会社にお金を払ってビルを建てたとします。

オーナーが建設会社へお金を払い、その建設会社がビルを建て、オーナーはそのビルから家賃収入を得ます。お金は10億かけても家賃収入でいずれは戻ってきます。でも、そのお金が循環する中で、ビルが1棟生まれて、そのビルに住んでいる人たちの住居環境が確保されます。こうした何かしかを生むお金の使い方が、すごくいいことだと思っています。

大学生の頃、まったく縁のない高校生をたくさんまとめていた経験も僕にとっては投資でした。多いときで年間８００人くらい。お金を出すから好きなことをやろうと言いました。たとえばひとつの団体で50人くらいの高校生全員からやりたいことを聞いて、企画にまとめあげます。どんなプロジェクトでもお金は出します。その結果、何百というプロジェクトを一緒にやりました。学校の先生からしたら、なぜ知り合いでもない大学生と会っているのかと思われたこともありましたが、先生に僕を紹介してもらったらＯＫになりました。

高校生には報酬を払わない、僕も報酬をもらわない、というお金を介さない関係の中でプロジェクトを進めました。これは大人の世界ではありえない話。それを大学生のときにずーっと経験してきたんです。

たとえば、あるプロジェクトに10万円を出すとします。僕は、そのプロジェクトが10万円を稼ぎ出せるように必ずするので、報酬をもらわないということに決めてはいましたが、10万を出しても倍になって返ってくることもざらでした。お金を出す以上は稼げるプロジェクトにしたので、結果的に収支はプラスです。

そんな活動を通じて、50人の団体に10万円を出すだけで50人の信じられないくらいの経験が生まれます。大人だったら1千万円や2千万円くらいかけないといけないくらいの経験です。

たとえば、入りたい大学に入れなかったせいで、大学を受け直すとか、思うような社会人になれなかったと後悔するのは何千万円という損失です。それを、僕が10万円を投資しただけで、そのプロジェクトが大学側に認められて入学へとつながり、一生後悔しなくて済んだ高校生もいます。だからといって、僕に恩を返す必要はありません。その人が後悔しないことに僕は投資しているんです。

投資では、お金を循環させるだけで物事が生まれて、人が助かります。しっかりお金を回して、自分に返ってくる仕組みさえ作れば世の中のためになります。利益も必然的に出ます。

もちろん、投資すれば、その先には失敗もあります。

100万円の家を買うくらいなら、1円の家を買うために、100万円の経費を使う方が大事だと思っています。これについては後ほどご説明します。

100万円の家を買うより1円の家を買うために使う100万円の経費の方が大事です

が、100万円を使ったけれど1円の家が買えませんでしたということも大事です。だから、失敗も含めてすべてが投資だと思います。でも、寄付は投資になりません。それ以外はほとんどのことが投資になりえると思っています。

お金が返ってくる可能性があるかないかも大事です。

1年から5年以内の短期間で返ってくるもの、目先数年くらいで戻ってくるだろうなというものに対して投資するならば、結果が出たときにちゃんと報酬はもらってください。「ああいいよ、いつか返してくれれば」と、お人よしの人は資金を引き揚げない人もいますが、そんなに長く付き合いが続く人ばかりではありません。関係が切れてしまえば、結局とりっぱぐれてしまう可能性だってあります。下手したら、もめたりします。だから、儲かったら、それ相応の対価をもらってください。

長期間、お金を預けたままにする人もいて、結果的に何千万円というリターンを受け取る人もいます。自分の利益だけを追求していたら、もちろんそのまま置いておいた方がいいんです。でも、そういう場合は、決まってもめます。投資先は、成功したら、もう僕が出した額なんて自分たちで用意できるようになります。そうなると、どうやったら僕のことを外せるか、と考えるようになるんです。僕は邪魔者になります。もし、その先に他のビジネスへの投資話があったとしても、僕には声をかけてきません。だから、自分の利益だけを追求せずに、資金は引き揚げてください。そのタイミングの見極め方を僕はわかっています。だから、また別案件で声がかかり、投資して、ということを10回、20回と繰り返せるんです。もちろん、資金的な余裕があるから、僕はこういうことができるんですけど。

投資とは、リスクをとった分しかリターンがないものです。

１００投資したときに、10のリスクをとったら、１１０か90で返ってくるものが投資。

さらに詳しい株投資の方法については、また、別の本でお話しします。

投資哲学② 納得しているのが良い投資

投資は自分が納得してやるかどうかが大事。

なぜなら投資には正解がないからです。

僕がやっている不動産であれば、その物件に自分が住みたいかどうかが決め手になります。


僕は、生活保護の人や精神障害がある人に部屋を貸す目的で物件を買うときは、自分がその家に住みたいかどうかで決めます。自分が住みたいと思わなかったら買いません。

なぜなら、自分が住みたくない家に人を住まわせるなんて失礼だからです。自分が住みたい家を買えば、ちゃんと自分と同じ考え方を持った人たちが住んでくれるので、最終的に空き家率がすごく低くなるんです。


山投資の場合は、今はキャンプがブームなので、そこに目を付ければビジネスにつながります。

山林売買では一番大手の山いちばの比賀真吾社長にも聞いたんですが、ごく一部ではあるものの、大都市からアクセスの良い平坦な山林は、キャンプ場として活用することを予め見込んだうえで金額を付けるのが流行っているという話でした。自分が持っている山が仮に不要になったら、固定資産税もかかるので、誰も引き取りません。でも、その固定資産税を払ってでも、その山でキャンプをしたければ、ビジネスにつながります。自分がやりたいかどうかです。

自分がやりたいかはけっこう大事で、その感性がすごく鋭い人は、ソフトバンクの孫正義さんみたいな金持ちにだってなれます。孫さんは、人に喜んでもらいたいという気持ちからビジネスをスタートさせて、通信ネットワークを作って、それをスケールメリットでデカくしていきました。スケールを大きくした分だけ、その倍率でお金持ちになった人です。だから、人のためになることをまずミニマムでやって、それがいいなと思ったら規模を大きくすると、そのままビジネス規模がデカくなって利益も生むことがあります。

大事なのは人のためになっているビジネスかどうか。周囲を助けられるかどうかだけ。

投資は麻雀に近いと思います。もし麻雀に正解があったら、麻雀のプロもいないし、麻雀は発展していません。

麻雀には、究極の選択はあります。そこは機械では測れない部分で、そこに対してどう読むかが周りを沸かせます。究極の選択が、プロ雀士を生んでいる理由です。

投資は最終的には本人の好き嫌いです。天性とか、神の声を聞いたとか言う人もいるくらいで、それで判断する人も多いので、そのあたりは自分の感覚に従っていいんじゃないでしょうか。

投資哲学③　みんなが良いと言う投資はダメ

投資に関しては、みんなが良いと言うものは良くありません。

さっきの山投資の話だと、自分はこの山をキャンプ場として使いたいけれど、周りの人はどう思っているのかなと友達に電話して聞くとします。「キャンプで使いたい？」と10人くらいに聞いて、2〜3人が使いたいと言えば大丈夫。逆に、10人がいいなというものはダメだったりします。少数の人がいいというものの方が意外と将来性があったりするんです。

たとえば、地方の300万円の戸建て物件で、家賃を5万円に設定できるきれいな家はみんな欲しがります。利回りが20％にもなるので、誰もがその300万円の物件を買います。でも、300万円で買って、家賃を得て、結果的に300万円でまた売ったら、家賃分だけしか入りません。

僕の場合は、屋根の修理は大変なので、屋根に穴が開いているような物件には手を出しませんが、5万円も家賃がもらえそうもないけれど、自分でリフォームすれば4万3千円くらいならもらえるかもという物件が1円であれば買います。4万3千円で貸せる状態にするのにリフォーム代は50万円くらいかかりますが、住んでもらえたら利益は出ます。

でも、そこまでやろうという人はほぼいなくて、10人中8人は、300万円を払ってオーナーになって、賃料をもらった方が安心だと言います。だから、勝機を逃しているなと僕は思うんです。

投資哲学④　投資で成功するには覚悟が必要

投資は覚悟がある人にすすめたいです。

投資するということは、人の人生に介入する行為です。人の人生に介入することはすごく良いこと。自分の人生を豊かにすることです。覚悟がなければやるなということではなくて、しっかりそういう認識を持って投資をしてくださいと言いたいんです。そうすれば人生の質が上がります。

でも、それは人を使ったり動かしたりするのとは違います。僕は人を動かすことが本当に嫌いで、人を動かす、使うなんてありえないと思います。その人と一緒に動きたい、この人のために動きたいという状態を作る、そのための選択肢を与える、ということをやっています。選択肢を人に与えられるような投資家になれるのであれば、投資をすることをみんなにすすめたいです。

でも、投資をし始めると、一生知らなくてもいいことに出会う場合もあります。死ぬまで知らなきゃよかったということが僕もいっぱいありました。投資家として起業家として、いろいろな業種やいろいろな人たちと関われば関わるほど、経済の根幹に行けば行くほど、知らなければよかったということといっぱい出会います。

知らなくていいことを知らずに生きていくことは悪いことだとは思いません。リスクなく、安定した生き方を求める人は、投資をする必要性があるのかは疑問です。

投資に向いているかどうかでいうと、もしも、あなたが、1千円の株が1千200円になって売るときに、そこに人が介入していることに気づけないのであれば、あまり向いていないかもしれません。ただ、そういう人は一生投資をやるべきではないということではなく、その点に気づいたときに投資を始めればいいと思います。なぜならば、人が介入していることに気づかずに投資をすると失敗するからです。投資をして利益を得るべき人になったときに投資をすれば成功します。

お金が増えていく過程で、人が絡んでいることに気づけるかどうか、感謝の気持ちを持てるかどうかです。

相手に100万円を貸して、「民事法定利率は、現在3％だから1年経ったら103万円で返してね」と約束したとします。でも、そこには愛がありません。その人が100万円で3万円を稼ぎ出す、その人の活動に目を向けていない。それが良くないと思うんです。まずは100万円を何に使うかを聞いて、来年までに103万円にできるようにしてあげるというのが僕のやり方です。それは、103万円を回収するために必要な作業ではあるのですが、その人の人生に介入して、自分が103万円をもらうための努力をする必要があると思うからです。それができないと、100万円を貸したところで、翌年に103万円になるわけがないんです。「103万円で返せ」と言っても、「いや、ないよ」と言われて、もめて終わるのがオチです。

一般的に、不動産投資をしたい人は、自分でリフォームする技量も時間もないと言うかもしれません。

だからこそ、覚悟の問題になるんです。会社員をやりながら不労所得を得るなんて、これからの時代は無理です。スルガ銀行が起こした不正融資事件以降、借入審査が厳しくなっているからです。

ちなみに、僕は、スルガ銀行は何も悪いことはしていないと思っています。100人に貸して、破産者が一人いるなんて普通のことです。オーバーローンで貸していたのは、オーバーだったから悪いので、借りた方も銀行を騙しているでしょ、と思ってしまいます。それよりももっと、かぼちゃの馬車事件とか、やばい事件はあったんですけど。

でも、スルガ銀行の問題でみんな厳しくなったのは事実です。

だから、これから先、副業で、今得ている収入を使ってローンを組んでマンションを1棟買うのは非常に難しいです。会社員の信頼でローンを組めない以上、平日は会社勤めをして、週末は完全にリフォームにあてるという割り切り方をして、不動産投資も自分の人生のルーティンワークにしていかないと無理です。休みすら、不動産投資のために使うくらいの覚悟がないと成功できません。

あなたが、もしも独身じゃなくて、家庭持ちでパートナーに反対されたらどうするか。僕だったら、奥さんと子どもも現場に連れて行って、購入した物件で遊ばせたりするだろうし、逆に、どこだったら遊びに行きたいかを聞くと思います。遊びに行きたい場所で、物件を見つければいい。遊びに行きたくないならば、今住んでいる家を賃貸併用住宅に変えればいい。その物件を建て替えて、半分に自分たちで住んで半分を貸す。ずっと家にいる代わりに賃貸併用にしようという話だってできます。

たまには遊びに行きたいとなったら、買った家で好きに遊んでもらって、自分はその近くにある物件のリフォームをやるとか、いろいろなやり方があります。すぐにあきらめる必要はありません。そこはどう説得するかだと思います。

投資哲学⑤　悪い投資を見極める

悪い投資の例をひとつ挙げます。

大学時代、不動産関連の仕事をしていたときに、まさにこの悪い投資をやっている方がいました。

大阪の西成地区。今はだいぶ変わりましたが、日雇い労働者が多く集まる地区でした。そのエリアにあるパチンコ屋での話です。勝負に負けてお店を出てくる人は、それとわかるらしいのです。その人に声をかけて1万円を渡しながら、「毎週日曜日に、公園の一番端の鉄柵のところへ来てくれたら、また1万円渡すよ」と言うんです。お金をもらった人は絶対に来ます。ところが、来た人は、いろいろな要求をされるんです。でも、1万円をもらっちゃっていますから、言われたことを必ずみんなやります。その要求がどんどんエスカレートしていって、来週は2万円渡すから、銀行口座を1個ちょうだいとなります。振り込め詐欺に使うためです。

そんな犯罪まがいのことをして稼いでいる方もいました。でも、それも投資です。初期費用の1万円と2万円の合計3万円で銀行口座が1個手に入るわけですから。

たとえば、今流行っているものに、ツイッターで、「1万円当選しました」というメッセージが送られてくるものがあります。振り込みますからと口座番号を聞かれて教えると、1万円ではなくて100万円が振り込まれるんです。でも、その後、「間違って振り込んだので、9万円はお詫びとして差し上げますから、当選した分の1万円と併せて10万円を抜いて、90万円を返してください」と言われて返します。実は、その100万円は振り込め詐欺の被害者が振り込んだお金だったんです。こんな感じで、振り込め詐欺のための口座に使われてしまい、その人は受け子になったということで逮捕です。反社の世界ではそんなことは普通で、逮捕者もけっこう出ています。

警察としては証拠隠滅される前に逮捕しようとするので、その人の口座が詐欺に使われた以上は逮捕して事情聴取します。ほとんどが不起訴になります。でも、逮捕歴は残るんです。100万円を振り込んで受け子にさせるというのも、その人たちにとっては投資です。でも、その100万円の投資は人を貶めるだけです。そんなことをして稼いだとしても、今後も同等のお金を稼ぎ出せるかというと難しい。

それから、ワンルームへの投資は絶対にやめましょう。

以前、『山王が教える1円不動産投資』にも書いたとおりです。1棟だとしても、ワンルームの1棟は絶対にやめましょう。基本的に1棟を買うときは、2DKが最低ライン。1LDKまたは2DK以上の部屋がある物件しか買っちゃダメです。1LDKと2DKだったらほぼ一緒です。あとは、立地の良いところが絶対条件です。

投資哲学⑥ 投資家にとって必要なこと・不必要なこと

不必要なことをまず先に言います。

人の目を気にすることです。

うまくいく投資は、8割くらいの人が、「そんなの無理だよ」とか「うまくいかない」と絶対に言います。上場企業の社長が10人集まっても8人は否定するような話が、うまくいく話です。僕だって、その10人に入ったらたぶん反対します。でも、だいたいそういう話はうまくいきます。

賛成者は少ないけれど、数名はいる、というのがうまくいく傾向にあります。100近くの業種に携わってきましたが、ほとんどの人が「いいね、それ」というものは、最初はいいんですが、どんどん右肩下がりに沈没していきます。

でも、うまくいくビジネスは、最初は厳しいけれど、ポンと突然ある日を境にうまくいき始めます。そのときに、周りの人の話をちゃんと聞く経営者だったら上がり続けます。

でも、だいたい聞かない人が多いので結局は落ちていきます。

お金の仕組みを学べば学ぶほど、ビジネスはほとんどうまくいくということに気が付くと思います。社会は常に回っているし、人も動いていますから、何をやっても成功するのは当たり前だと思った方がいい。でも、成功はすべて自分の成果だと思う人が本当に多いんです。自分はスゴイと思い始めると、自分の判断が正しいから成功したんだと勘違いしてしまいます。そうなると、成功に至るまで協力してくれた人たちの努力は一切忘れ去られます。成功した途端に人の話を聞かなくなります。

その後、失敗する原因は、だいたいは金遣いです。みんなで作ってきたビジネスで成功したのに、社長が好きなものをどんどん勝手に買って、好きなものにどんどん投資して、結果的に失敗します。それを避けるためには、副社長がいるならば、その人の意見を半分取り入れてください。全部聞く必要はありません。

僕の場合は、子会社のそれぞれに社長がいるので、彼らがいないと成り立たないビジネスをやっています。だから、僕の力はお金だけだと思っています。それだけです。自分がすごいと思う立場ではありません。そういうこともあって自制が働きます。

必要なことは、自分がどういう人間かを見極めて、自分の軸を大事にすること。本当にやりたいことを見失わないこと。

ある程度稼げちゃったから、FIRE（早期退職）しようと言う人も最近いますが、僕はあえて言います。FIREって大っ嫌いです。何がFIREなのって思います。FIREと、一般的に言われるリタイアは別物です。FIREは、お金を稼いで、その後は楽をして生きていこうというものです。そういう考え方は大嫌いです。頑張って働いて、不動産で家賃収入が1千万円得られました、ということはそのまま続ければ1億円得られるのにやめるって、どういうことなのと思います。

仕事をやっていることが負けだとでも言いたいのでしょうか。たとえば、もっとやりたいことに専念するためにリタイアします、ということだったらそう言えばいいと思うんです。FIREなんて存在しないと思うことが大事です。仕事を辞めたら、たぶん人生が暇になります。何のために生きてきたんだろうという思いにいずれぶつかります。生きる目標を見失ったらいけません。FIREなんてする前に、自分が何をしたくて、そのビジネス、投資を始めたのかを考えるべきです。

それと、よくいるのが仕事を辞めたいから投資を始める人です。安直すぎます。辞めるために始めるというのは、逃げているだけです。だったら、逃げ出したいその仕事をとっとと辞めればいい。辞めたいと思っているその仕事がうまくいかないのは、適性もなければ応用力もない、つまり、能力が足りないからです。

僕は、昼寝をしないと1日体力や気力がもたないのは、自分の能力不足だと認識しています。だから、昼寝をする代わりに、8時間以上働くということで能力の差を埋めています。自分の棚卸をして、どういう人間かをわかったうえで何事もやること。投資家としては、そこが絶対必要です。

投資哲学⑦　投資家が知らなければいけないこと・守らなければいけないこと

知らなければいけないことは、たくさんあります。

逆に、投資家として生きていかないのであれば、パンドラの箱みたいに知らなくていいことも世の中にはいっぱいあります。

そもそも投資とは、お金を出すことで、何かしらの物事が生まれることです。投資はお金を回して人の人生に介入する行為でもあります。人の人生に介入するということは、人の人生に対して責任を負うことです。そうである以上、世の中にあるできるだけ多くの知識を取り入れる努力をしないといけない。だから、知らなければいけないことは、世の中にある自分がアクセスしうる情報すべてです。

投資家である以上、人の人生に介入する以上は、お金の知識、FP2級レベルのマネーリテラシーが最低限必要です。次に、人がどう考えるかを考えることが大事です。僕は心理学の専門書もたくさん読んで、最低限の心理学の知識は得ました。

投資家として成功するということは、人を幸せにできるということです。人を幸せにできる投資家がお金に失敗すると次の投資ができなくなります。となると、本来、幸せになるであろう人たちの機会損失になるんです。これを責任として捉えられる投資家でないと本物ではありません。

それから、守らなければいけないことは、人を騙さないこと。

騙すというのは、解釈の問題なので、難しい点もあるのですが。たとえば、この壺いいよとすすめて、相手が救われるならいいんですけど、自分がそれをされたらどう思うかが大事です。おそらく、その人は壺を100万円で売って簡単に稼げると思っている以上、自分では100万円の壺は買いません。

自分がやられたら嬉しいことをやっていかないと投資家とは言えないんです。投資家ではなく、それでは投機家になっちゃいます。投機家になってしまうと、投資でも、ビジネスでも、視野狭窄になって、お金だけを追求してしまい、今以上の広がりはなくなります。

投資家は人を幸せにすることも命題です。成功する投資家は、長く投資家でいることでより多くの人たちを幸せにできるというのが僕の考えです。

だから、投資をやめることは、誰かに損害を与えるという認識です。そういう考え方なので、自分の周りの人たちが今後得られるであろう利益を阻害することになる行為はしません。自殺だってそうです。僕が自殺することで人に損害を与えると思います。だから僕は自分のことも大事にします。

そこまでいけると本物の投資家です。お金の部分で投資家として続けられる努力をしながら、投資をしていく中で人が幸せになることを探す、この2つが大事です。

投資哲学⑧ 人のために動けば「宝の山」も手に入る

宝の山は欲しがって手に入るものではなくて、人のために動いた結果として手に入るものと思ってください。

「はじめに」でも触れましたが、〝山王〟と言われて、テレビに出るようになった頃から、いろいろな人から「お金儲けをするにはどうしたらいいか」と、ツイッターやフェイスブックにメッセージがいっぱい来るようになりました。

「楽して儲ける方法を教えてください」「テレビを見ました、お金がないんです、一発逆転したいです」「金儲けのノウハウをください」などなど。

そういう人たち全員に、僕は同じ文面を送ります。

「メッセージありがとうございます。僕はこれから皆さんが成功するために必要なノウハウをお教えすることはできます。ただし、対価として1時間11万円をお支払いいただきます」

彼らの本気度を試す意味もあって送るのですが、ほぼ全員から返事は来ません。もし自分が彼らの立ち場だったら、「えっ、11万円でいいんですか？　そんなに安い金額で永野さんの持っているノウハウを全部教えてもらえるんですか？」と絶対に食いつきます。そして、すぐにアポをとって、その日か翌日には会いに行きます。

みなさんが今手にしている本だって、僕の経験や考え方、投資方法などの成功法則を、たったの千数百円で手に入れられるんです。この本を手にした人はとてもラッキーな方々だと僕は思います。

山を買い始めた当初のことです。懇意にしている不動産会社から「評価額が1千万円の宅地なんだけど、敷地延長なので使いにくい。引き取ってくれないか」という依頼があったことです。依頼というかお願いですね。ちなみに、敷地延長というのは、狭い通路を通って道路に出る土地で、旗竿敷地とも呼ばれます。

「ああ、わかりました、考えます」と答えて、どうしたらその物件を引き取れるかと思案した結果、評価をマイナス650万円にしてもらえたら引き取れるという結論に達して、不動産会社に連絡をしました。

「売り主の処分を手伝いたいんですけど、計算した結果、評価がマイナス650万円なんですよ」と返事をしました。

処分をしたい売り主を、どうにか助けたいという思いもあって、その後も話し合いを続けていく中で、売り主の方から「今まで隠してたんだけど、この物件には山もついていて」という話が出てきたんです。よくよく聞いてみると、山から毎年十何万円の収入があるとわかり、その収入とマイナス評価を「どうにか相殺してもらえませんか」という話になりました。

最初に提示された金額は、絶対に僕を試している額なんです。自分が持ち主だったらと考えると、最初から山の話を出すわけがありません。やはり、自分が困っていることに対して誠意を見せてくれた人に話をします。なので、助けたところからいい話がくる、ということは今までたくさん経験してきました。

高崎にも山を持っています。観光名所などもある山ですが、最初は「保安林として、評価額20万円から30万円くらいの山なんですけど、どうしても処分したくて、何か方法ないですか」と言われました。大変だなと思って、どうにか活用しますと1円で引き取りました。

それから半年後に改めて連絡がきました。「実は他にもあって、全部開発すると10億円くらいの保安林を引き取ってくれませんか」と。結局、マイナス１５０万円で引き取りました。ということは、１円で山を引き取っただけで、活用したら10億円くらいの保安林を１５０万円もらって引き取るということが起きたわけです。

最初に来る話に、良い話はありません。そのときに、どれだけ自分が相手の立場になって親身に考えるかが大事です。相手の問題を解決できる力が、まさに宝の山につながることになります。

じゃあ、宝の山につながる、課題を解決する力をどう養えばいいのか。
それには、自分に対して投資をして身につける以外ありません。
自分の頭に投資をして、何にでも対応できるようにしておくんです。

投資哲学⑨　ブルーオーシャンの見つけ方

投資でもビジネスでも、自分で何かをやる以上、自分で解決する力をまずは身につけます。そして、自分が見渡せる中で一番のブルーオーシャンを見つけて、そこで投資やビジネスを確立する。僕はこれまでそうやってきました。

そして、投資対象を何にするか、何に着目するかを見抜くときには、パイがどれだけ大きいか、つまり、動くお金がどれだけ大きいかで選ぶ癖を身につけた方がいい。さらに言えば、他人が目を付けていなくて、潜在的に多くの人たちが関係している分野は必ずブルーオーシャンです。そこに投資するのが、成功の秘訣です。

その着眼点を持っていれば、基本的にビジネスはこけません。何をやってもうまくいくと思います。

僕がやってきた山投資で言えば、誰も行かないところにブルーオーシャンがありました。

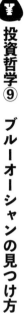

物件探しのために車で走っていて、目を付けた山の近辺をぐるぐる走り回って、誰もこの山にはたどり着けないなというところを発見したら儲けものです。そこは安く手に入れられます。

山を買うと他人に話すと、「今なら土砂災害とか不法投棄が多くなるけど、大丈夫ですか」と言われたりしますが、そもそも土砂災害がある山を買うわけがありません。道路沿いの山でなければ土砂災害のリスクはありません。人が行かなそうなところで安いところを見つけることが、僕の考える山投資になります。

たとえば、都会の飲食店でも、表通りより、路地裏に隠れた名店があるのと同じです。多くの人は、目立たない店を自分だけが知っている秘密の店として家族、恋人、友人たちを連れて行くので、そういった裏路地の店が一番儲かっています。

他人が気づかない、人目につかないブルーオーシャンを見つける訓練をしたいのならば、街中にある安いコインパーキングを探すといいと思います。

大通りに面しているコインパーキングは総じて料金が高い。それに比べて、1本路地に入ったり、奥まったりしたところにあるコインパーキングは30分ごとではなくて、1回いくらという料金設定のところもあります。

普段から、1リッターで2キロメートルしか走らないという燃費の悪い超高級車に乗っていたら、迷っているうちにあっという間に余計なガソリン代がかかっちゃうので、高くても目の前にあるコインパーキングに停めると思います。でも、僕の車はトヨタのプリウスなので、EVの状態でずっと探し回ればいい。今でもなるべく安いコインパーキングに僕は車を停めています。

コインパーキングの安いところを見つける癖（勘）をつけていくと、ビジネスのブルーオーシャンを見つける癖（勘）も身につけられると思います。

それから、僕が思うに、今一番のブルーオーシャンは便利屋です。

その中でも一番儲かるのは、スズメバチの巣の駆除。刺されたら死ぬこともある危険な作業なので、誰でも参入したがる仕事ではないし、駆除料金だって高めに設定できます。そして、何よりスズメバチの巣を駆除するためには、国家資格が要りません。すぐに始められます。

そう考えると、国家資格を必要としなくても、自分でできて、値段を自由に決められる仕事はけっこうあるんです。

僕が安い物件を買ってリフォームするときにやっている大工仕事なんかはまさにそうです。床を張る作業などの現場仕事は、社会生活になくてはならないのに、やる人が少なくて困っている人が多い仕事です。そういうものは儲かります。しかし、誰でもできそうな、マニュアル化できて全国でフランチャイズ化できそうな仕事は、参入する人が多いので儲けることが難しくなります。

だから、すぐに儲けたいなら、みんながやりたくないことをすること。「電話をもらえれば、スズメバチの巣の駆除にいつでもどこでも駆けつけます！」なんて言ったら、すぐに会社員を辞められます。僕が、今、全財産を失うことになったら、速攻でスズメバチの巣の駆除事業を始めます。だから、所有している不動産や現金が全部なくなっても僕は全然生活に困りません。スズメバチから身を守る防護服やマスク、手袋とスズメバチを捕獲する道具を買って、全国どこへでも、スズメバチの巣を取りに行きます。

お金に困った、何をしてお金を稼ごうかと考えなくても、お金を稼ぐ方法を僕は知っていますから、今後どうなろうとも不安はありません。

投資哲学⑩　投資先の見分け方

「どうしたら永野さんのように、他人が気づいていなくて、潜在的なマーケット規模が大きく、収益があがる投資先を見つけることができますか？」とよく聞かれます。

そんな投資先が簡単に見つかる方法があるのなら、僕もすぐにでも知りたいところです。しかし、そうそう簡単に利回りのいい投資先は見つかりません。

僕は、興味があること、やりたいことをすべてやってきました。そうした経験が、何層にも積み重なり、多角的に物事を見たり、分析したりできるようになりました。他人と違う視点から物事を見られるようになったことが、結果として宝の山やブルーオーシャンを見つけられることにつながっています。

それに前にも言いましたが、失敗をして、そこから学んだことも大きかったと思います。

たとえば、山投資でも、最初は「この山を買いたい、この山だったらいいな」という山はすべて買っていました。「1円だったら全部買います」と。

でも、途中で1円でも高かったなと気づいたんです。それ以降は、山の価値を見分けられるようになり、道沿いの山は土砂災害もあってやばいなと思い、売り抜けたりもしました。

たくさんの経験と失敗から成功する法則を身につける。投資したい案件を見ただけで、「これはやばいな」と肌感覚でわかるようにならないと、最終的に儲かる投資を見分けられません。

投資哲学⑪　ビジネスでの成功に不可欠な着眼点

自分を犠牲にしないこと。

泣き寝入りはダメ。この着眼点を忘れると、ビジネスでの成功は難しくなります。


たとえば、空き家問題で困っている人がいたとします。誰も引き取ってくれないならば、お金を払って解体するしかありません。解体費に200万円かかるとすると、家を引き取る場合は、100万円から150万円くらいもらうのが妥当な金額です。

ところが、自己犠牲してしまう人は、誰も引き取らないものを、じゃあ自分が引き取ってあげるといって、困っている人を助けるだけになってしまいます。その人が自己犠牲を払う度合いと、家を引き取ってもらった人が助かる度合いのバランスがとれません。自己犠牲する人の方がマイナスになります。

でも、無料でも買い手がつかない物件を、その人が100万円から150万円を払って僕が引き取る場合。売り手は助かるし、僕はめちゃくちゃ得するんです。売り手はお金を払うことになるので犠牲になっているように見えるんですが、解体費の200万円を払わずに100万円で済むので実は助かります。誰も犠牲にならないのが一番きれいなビジネスです。そこを意識してやっていくことが大事。

NPOみたいに、掲げている看板は立派で、自分は必要以上にお金は要りません、とやっている人にはこれからの厳しい時代、誰も付いていきません。自分は誰よりも稼いでいる、だからみんな稼ごうよという方が人を引っ張っていけます。

そして、媚びないということも大事。
思い出してください。超人気店の接客がいつでも素晴らしい接客かといったらそうではありません。むしろ、あまり接客が良くないことが多くないでしょうか。なぜなら、みんなに媚びて、これを買ってください、なんてやる必要がないからです。
良い店は客に媚びて、挙げ句の果てに文句まで言われて、スミマセンなんて言う必要はないんです。文句を言われたら、「気に入らないならお金は要らないからお帰りください、待っている人がいるので席をお譲りください」と言えるのが強み。良いものが提供できている証拠です。超人気店の接客から学ぶことは、いっぱいあります。

投資哲学⑫ ビジネス・投資に必要な「100万円」「感謝」

ビジネスや投資を始めるときは、元手はあった方がいいですが、100万円もあればほとんどのことができます。

店舗ビジネスをやらないのであれば、そのくらいあれば、ある程度のことはできます。

しかし、儲けることだけに目が向くのは良くありません。

お金は誰かが関わらないと増えないものです。銀行に預けても、金利がゼロになったら増えません。

だから、ビジネスや投資を始めたら、利回りの過程に誰が関与しているか、誰が動いているか、誰が働いているかをちゃんと考えないとダメ。

考えれば考えるほど、結果的に利回りは上がります。楽しようと思わない方がいい。投資でお金が何倍になるという過程で、何があって何倍になるのかを考えないと、感謝を忘れてしまいます。

投資やビジネスで多くの人が忘れがちなのが感謝です。

よく株の本に書いてあります。1千円で買った株を、1千200円になったときに売りましょうと。1千200円にしているのは誰かと言えば、みんなが買っているから上がっているわけです。1千200円に「なったときに」と一言で片付けるのが、僕としてはちょっと違和感がある。1千200円とみんなが評価したから、1千200円で売る、という考え方に改めた方が、感謝の気持ちを忘れないと思います。

投資哲学⑬ 事業拡大はすごいことではない

事業をデカくすることは、一律にすごいことではありません。

たとえば、みなさんの地元にも、愛されている名産品はたくさんあると思います。山梨県だったら「信玄餅」とか。でも、その県に広げることと、日本全国に広げることって、実は同じことなんです。

なぜかというと、今の日本の47都道府県は行政上区分けされているだけだからです。もしかしたら、日本は東京都しかない国だったかもしれない。そう考えると、東京都の全エリアに展開するのは、日本全国、47都道府県に事業展開するのは同じことです。

東京都に生まれていたら、まずそこでビジネスをするしかない。そして、業績が好調だからといって、勢いに任せて日本全国に事業展開しようとすることは、やっぱり見栄が入ってきます。

だから、その県に生まれて、そこでビジネスをやっている以上は、県民を大切にして、県民のためにやることが大事。その地域で、きちんとみんなが欲しがるものを作るのが、一番いいと思います。

日本は地域差があるので、エリアによって売れるものは変わります。たとえば、静岡県だけで展開しているハンバーグの炭焼きレストラン「さわやか」。長野県であればラーメンチェーン「テンホウ」。県外へ出店するかといったら、何があっても、天変地異が起きても出店しないはずです。なぜかと言えば、県内にしかないというブランド力がなくなるからです。それが戦略です。

地方だけでやっているスーパーマーケットもあります。今は、日本全国のご当地スーパーマーケットに注目が集まっています。東京の人だったら、東京にはないものを、地方に行ったときに見てみたい、買ってみたいと思うからです。そういう店舗で販売している面白い商品が通販で買えるようになったら、全国展開しなくても、消費者の購買欲求は満たされます。

スーパーマーケットで一番ブランディングができていると思うのは、富山県の「大阪屋ショップ」です。県外の人たちも、富山県に来ると立ち寄ると聞きます。

もし、全国展開している大型スーパーマーケットが今以上に売り上げを伸ばしたいんだったら、県ごとに店名を変えるのもひとつの方法です。その土地に合う、ウケる店舗名にすればいいんです。本当に地元民のことを思って、地元民に愛されるものを作りたかったら、県ごとに店名を変えるのは当たり前の話です。でも、それをやらないのは、見栄と面倒くささがあるからです。おまけに、きっと社長が全国の店舗を詳しく知りません。住所も、電話番号も、記憶していないと思います。

投資哲学⑭　事業拡大を狙うならば足を使え

事業の拡大を狙うならば、人任せにせず、自分で確認すること。

店舗ビジネスであれば、現場に足を運ぶこと。

社長になっても、いつまでも自分で確認し続けること。それをやめた時点でビジネスの拡大はストップします。

店舗ビジネスの例を挙げて説明します。

店舗を拡大していくときは、キャッシュフローはデカくなります。

よくあるのは、エリアごとに店舗の選定業者がいるケースです。出店希望エリアを、業務委託された業者が調査してきて、この道沿いのここがいいと言います。すると、言われるがままに出店します。その業者には、もちろんお金が払われます。だから、何をするにも、とにかくお金が出ていく仕組みです。

人任せにせずに社長が自ら足を運べばいいんです。たとえば、「ハローストレージ」というトランクルームを運営するエリアリンクの林尚道社長は、出店場所を決めるときは、どこでも足を運びます。全部の店舗です。そういうことができるから上場できたと僕は思います。財務も健全です。

事業を拡大したいというのは、実は見栄からくる思いだったりもします。広げたいんだったら、自分の足で現場に行って、全国のすべての店舗について把握できているのは当たり前です。もし僕が全国展開しているスーパーマーケットを運営していたら、全店舗の店名、住所、電話番号は暗記します。全店舗について、説明できるのは当たり前です。自分がすべてのことを把握するのは、会社経営上、組織上、あんまり良くないと今は言われます。それはなぜかというと実務に関わるから。なので、実務については、理解するだけにとどめておく方がいいんです。しかし、理解しているからこそ、説明できるのは当たり前です。もし、それができないようならば、事業を拡大したいという思いは、あなたの見栄です。

投資哲学⑮ 「隣の畑」を増やしていこう

投資で、隣の畑に目移りしても失敗はしないと思います。
むしろ、その逆で、僕は隣の畑を増やしていきましょうという考えです。

これまで僕は不動産業をやってきて、途中からアイドルプロダクションの経営など他の事業も始めましたが、確実にそれらの事業はリンクして良い方向へ動いています。ビジネスは増えれば増えるほど、良い方向へいきます。
なぜかと言えば、思考が多岐にわたるので、ビジネスでの判断力が鍛えられるからです。

それに、僕の場合は、不動産業の利益を別の事業に回すこともできます。しかし、後で説明しますが、ビジネスでは通算で収支をとらないことを基本としています。利益を別事業に回すと、通算で考えてしまうので、事業ごとに利益を生むようにしています。

通算はせずに、いろいろな事業はやった方がいい。隣の畑というのは、僕の場合は不動産業以外のすべてです。まったく離れて見える事業も、全部「隣の畑」と思ってください。世の中の事業はすべてリンクしています。ただし、理屈で考えて増やしていくのは良くありません。たとえば、アイドルプロダクションと不動産業だったら、アイドルのメンバーが所有している不動産を使ってくれればいい、というのはダメな考え方です。自分が好きなことをやればいいんです。それがすべて隣の畑になります。一見、まったく関係のない仕事でも、できることをすべてやっていけば、どこかで必ずリンクします。

だから、いろいろな業種に手を出すことは大事。目移りするだけはダメですけど、目移りじゃなくて、そのビジネスに乗り出すこと。いろいろなビジネスを手がけていくこと。それが大事。

投資哲学⑯　投資に失敗したら

投資に関しては、ひとつの事象に関して成功と失敗が必ず同時にきます。何かが出ていって返ってくるという過程で、１００％の成功、もしくは１００％の失敗ということはありえません。ひとつの投資には成功と失敗が混在します。

たとえば、建設会社に10億円を払ってビルを建てたとします。その結果、利回り5％で、20年間で10億円回収できたらいいのですが、ビルを建てている途中に災害があった、親方がいなくなっちゃった、ということが起こって、ビルが建設できなくなることもあります。そうすると10億円がパーになります。最初の成功は、そのビルが10億円で発注して建ってよかったということ。

この感謝をみんな忘れています。まず建ってよかったと思うことが大事。建った後に、普通の人だと、「10億円じゃなくて、8、9億円にできたんじゃないか」と思ったりもしますが、そこを疑問視するのもどうかと思います。そういう思考に至らずに、家賃収入を得るんですから、入居者が90%の満足度であるとしたら、それを100%の満足度にするための努力をしてください。満足度を100%に近づけるためにどうしたらいいか、入居者にヒアリングをするんです。僕はします。ここが足りなかったなという部分があったら、その見落としは失敗です。でも、90%の満足度までになったのは、自分が建築会社に指示して良いものができたからだとしたら、そこは成功した部分です。成功と失敗は混在します。だから、このビルはどこが良かった、悪かったというところを見極めておかないと、次に建てるビルの入居率は良くなりません。

ビルが建つこと自体がいろいろな条件を満たしてまず実現したんです。2棟目以降は、1棟目の入居者の話をちゃんと聞いて、次に反映させること。それが積み重なれば理想形のビルになっていく。そうすると自然と入居者の満足度は上がるし、長く居てくれます。

ビルとなると、どれだけ高層か、デザイン性が良いかというところに力を傾けがちですがまったくお門違いです。

高くなるほど免振構造が求められます。技術が発展して100階建てのビルができたら、50階以上の人は地震が起きたら船酔いします。50階以上の人たちがそんな思いをするような家を作るくらいなら、地震大国の日本だったら50階以下に抑えようというのが本来の考え方。今だって、高層マンションの高層階では船酔いが問題視されています。おそらく、今後は50階から上は埋まらなくなります。人のためを思ったら、高層階にして見栄を張るのはマイナス。もしもあなたが高いところに住みたいならば、50階といったら２００ｍの高さになるので、標高２００ｍの場所に住めばいいんです。

デザインも、良いデザインのマンションに住むことはプラスにはなりますが、デザインにお金をかけすぎたせいで家賃が高くなったら住む人が減ります。人が減って、いつかいなくなったら、近い将来、廃墟になって周囲に迷惑がかかります。

そういうことまで考えると、自分勝手にやりすぎると最終的に人が付いてこなくなる、人が寄ってこなくなる、周りから嫌がられる、という結果を招くことになります。

PART4

永野彰一の金銭哲学

金銭哲学① 支出を抑えた分が収入になる

お金をどうやって生み出すか。

今すぐにでも始められることがあります。

100あるものを110に増やさなくてもいいんです。100の支出を90に抑えたら、結果は同じです。手元に10は残ります。支出を抑えた分がそのまま収入になるんです。そこを理解していない人が多すぎます。

一番わかりやすい例が、さっきも取り上げたコインパーキングです。一番安いコインパーキングに停められる人が一番の金持ちです。僕は心の底からそう思っています。

たとえば、大通りから入る一方通行の道があって、その先に別の道があったら、そこのパーキングが一番安い料金設定です。

なぜかと言えば、探した後に戻ってこられないから。結局あそこが一番安かったとなっても、大通りから戻るかといったら戻らない。大通りがないところだと、一方通行が3回続いたところが一番安くなります。

今、僕はアイドルプロダクションを経営しているので、ライブの遠征で東京にも来ます。駐車場を探すことになるので、年間何億と稼いではいますが、100円でも安いところをいつも探します。アイドルの事業で赤字を1円も出さずに、100円でも浮かしてみんなのための作曲代や衣装代にあてたいからです。

支出を減らす努力の積み重ねで、1回につき100円程度だとしてもお金が浮きます。100円を浮かすことが100円の収入になる。だから、それをするだけで自然にお金は貯まっていきます。

金銭哲学② 事業間の収支を合算しない

事業間の通算の収支は絶対にとらないようにしています。

山を買うとなると、一度で１００万円程度の収入にはなります。普通だったら、不振が続いている別事業があるならば、その１００万円を回すと思います。でも、僕はそうはしません。コインパーキングだって安いところを探したりせずに、タクシーをばんばん使ったりもできますけれど、そんなこともしません。つい最近も、ほぼ無料みたいなところに車を停めて、現場まで歩きました。

収支を通算で見ないということが大事です。

単体で何とかすることをいつも考えています。

Aという事業で儲かった分を、Bという事業に回す、ということは悪くはありません。

しかし、それに慣れてしまうと、事業内にとどまらず、どんどんお金が流れていってしまうんです。お金が流れ出すと、一瞬でなくなります。そのスピードを僕は知っています。お金はかつて「おあし」と言われていましたが、まさに足がついているかのごとく、一度流れ出すと、どんどん逃げていきます。

たとえば、もし本当に洋服が欲しいのだったら、洋服の買い取りをして、せどりして、その中で得た利益で良い服を着る、くらいのセンスがなければ、お金は流れていくだけです。車のディーラーも、お金持ちがどうやったらお金を使うかを心得ています。だから、1千万円の車に、オプションを付けて1千500万円を支払わせるすべをよく知っています。

お金を使わせることに特化したところへ飛び込むときは、自分がうわてでないといけません。ディーラーの手練手管を身につけた後で1千万円の車を買うならいいでしょう。でも、そうじゃなければ簡単に騙されます。

不動産でも同じです。稼いだから豪邸を買おうと思ったときに、本来は2億円で買えるものなのに、5億円で買っちゃったりします。その損をした3億円を取り返すのは超がつくほど大変です。そのためにも、たとえば100万円の家を1軒買って勉強しておけば、

3億円も損しないで済むかもしれません。

あらゆることで、自分がプロになるくらいの気合をもってことに臨まないと、すぐにお金は逃げていってしまいます。

金銭哲学③　浪費癖を消化する

僕にも浪費癖があります。

ギャンブル癖です。

何かが欲しいと思うと、人の何倍も欲しいという気持ちが強くなります。

そこで、毎年宝くじを1回だけ買うことに決めています。浪費癖を抑えこむために、自分で決めた範囲で散財するんです。

年に1回だけ、好きなだけ宝くじを買うときは、30万円だったり、３００万円だったりするときもあります。そのときに手元にある金額で買います。全部が外れても、宝くじは購入額の50％近くは返ってくる仕組みです。３００万円買っても１５０万円程度がなくなるだけ。効率のいい散財の方法です。

宝くじは裏金の資金洗浄にも使われていると聞きます。昔、反社の人のほとんどが使っていた方法のようです。300万円分を買っても、購入証明は出ないですよね、住所も書かない。当たって1千万円入ってきたら、これは非課税のお金になります。

宝くじは、当せん金付証票法という法律で運用されています。払戻金は販売総額の100分の50以内と決められています。手数料などを引いた実質の還元率は45％です。だから、1億円分を購入しても、あくまでも期待値ですが、4千500万円しか戻ってきません。これって、税金で55％持って行かれるのと同じ数字です。

だから、結局、裏金を洗浄しようとしても、税金を払うのと同じことになる仕組みなんです。あまりにも、数字が合いすぎているので、僕は宝くじを買わせることで、裏のお金も吸収しようと国が考えているから、こういう仕組みになっているんだと思っています。

つまり、3億円を当てようなんて夢を持って宝くじを買う以前に、こうした仕組みで宝くじは運営されていると知るべきなんです。もっと「上」に行くためにも、45％しか返金されないということを理解しておいてください。

話は変わりますが、ディズニーランドには、会員専用で一般の人は入れない「クラブ33」というレストランがあります。そこにあるグッズを全部買ったこともありました。

棚のものを全部買うと500万円くらいします。時計がひとつ50万円、30万円といろいろあるし、うちわや扇子で8千円くらいします。それを全部買うんです。いくらで買おうと、転売しようと思えば、高く売れるということは知っています。といっても、すべてナンバリングされているので、実際には買ったグッズは簡単には売れない仕組みになっているんですが。

人間であれば、浪費癖は必ずあります。人は浪費をやめられません。この癖を消化しないと、メンタルが弱ったときに、欲しくもない、価値のない高額商品を衝動買いしちゃいます。

価値のない高いものを衝動買いしないために、浪費癖のパラメーターが上がってきて、この状態で我慢すると何かあったときに3千万円くらいのものを買っちゃうと思ったら、300万円の宝くじで手を打つようにしています。

そうやって浪費癖を適度に消化していきますが、浪費はしても最低限のお金が返ってくるものを買っています。

衝動買いで家電製品なんか買っちゃったらゼロどころか、むしろマイナスです。数年後には引き取り料が数千円から数万円かかる、ってことになりますから。そういうものではなくて、宝くじでもいいし、カジノへ行って３００万円をワンベットしてもいいと思いますよ。

金銭哲学④ 株はショッピング、自己分析が一番大事

株はいい買い物だと思っています。

ショッピングモールへ行って洋服を買う感覚で僕は株を買います。それで、高くなったら売る。ということは、買い物が毎週できるということです。浪費癖の消化にも役立ちます。だいたい、毎週20万円から30万円の株を買っています。高くなれば売ります。たとえば30万円で買ったものを35万円で売れば、35万円が手元に入ってくるので、また違う株を買うことができます。だから、毎週買い物をしていることになります。

株を買うことは、僕にとっては買い物をしている感覚ですが、買い物と違ってお金は増えていきます。株を長期保有してから売って、欲しいものを買うくらいなら、長期保有する前に高くなったら売って、違う株を買ったら無駄はない、という感覚です。

自分の特性を客観的に見て、しっかり理解したうえで、自分が浪費しないために先に段取りを打つ。だから別に50万円で株を買ってもいいんです。

自己分析が何よりも大事です。自分はどういう人間なのか。たとえば、洋服を買う癖がついた人は、永久に服を買い続けます。この本を読む人は何らかの癖がつく前の人であってほしい。癖がつく前にこの本を読んで、株を買う癖をつけてほしいです。

僕の株の買い方をもう少し詳しくお話しします。多くの人とは違うかもしれません。
まずは、株の口座にたとえば100万円を入れます。
信用取引やFX（為替取引）は絶対にやらないという大前提で、銘柄は何でもいいので買います。1銘柄でも何銘柄でも。配当も株主優待も気にしません。100万円で株の売り買いを繰り返していけば、99％の確率でマイナスになることはありません。疑義注記も何も関係なくて、100万円で上場している株を買えば、トントンか上がるかです。

もちろん、誰もがそんなにうまくいくとは言い切れませんが、それでも、株は、ちょこちょこ売買していたら、そのうちに慣れてきて、どんどん知識も付いていきて、結果的に稼げるようになります。それには利益だけを追求するのではない、プラス思考のマインドが必要です。

プラス思考のマインドとは、株の売買に関して、何らかの目的を見出そうとすることです。取引を続けることで、たとえば、いずれは株の取引の講師をやろうとか、財務諸表を読めるようになって会社を作るときにそれを活かそうとか、何かプラスアルファのタスクを一つずつ積み上げていくんです。そうしないとただのトレーダーになってしまいます。それはもったいない。ただの利益追求で続けていると、一生はあっという間に終わっちゃいます。

それから、株を買ってマイナスにしないためには、預け入れた100万円を引き出さないこと。引き出そうとすると、タイミングが悪ければ安いときに売らないといけなくなるので、そういうことをしなければ基本的にはマイナスにはなりません。

むしろ、100万円を現金で持っていることの方が今の時代は怖いです。100万円を現金で持っているより、株を売買した方が圧倒的に残る現金は多いんです。だから、株は投資というよりも買い物と考えた方がいい。

と言いながらも、僕は投資信託を持っています。ネット銀行のキャンペーンで、普通預金の金利アップにプラスして振り込み手数料が5回まで無料というサービスがあるんですが、それを受けるためには投資信託の契約が必要だったので契約しました。投資信託として月に500円ずつ引き落とされています。一応やってはいますが、投資信託は見えないものなので、買い物にはなりません。500円のうち数%の信託報酬が、何に使われるかもわからないというのが投資信託です。でも、株は、買ったという実績が成功体験になるので、それは買い物になります。

僕はボランティアで被災地支援もしています。自分で車を用意して、自分で現地に建築資材を持って行きます。いくらお金がかかろうと、そうしないと気が済まない性分なんです。そうすることで、福島県に行って、ボランティアをしたという実績や成功体験になります。それは、株の売買と同じです。でも、福島県が困っているから100万円を寄付するとなったら、わりとモヤモヤが残ります。何に使われたかなと。内訳を教えろとも言えませんから。それが投資信託です。だから、成功体験にはなりません。成功体験を積み重ねることで、大きな利益を生み出していけます。

もちろん、株は下がったらすぐに損切りします。要らないと思ったときに売ります。株も洋服も同じ感覚です。着なくなったら洋服は売ったり捨てたりしますよね、それと一緒です。

下がったときだけでなく、その銘柄に価値を感じなくなったときにも売ります。たとえば、オリックスレンタカーの社員の態度が良かったらその日にオリックスの株を買います。同じように、たとえば、丸亀製麺へ行って、美味しいと思ったら、とりあえず株を買います。次に行ったときに、店員の対応が悪いなと思ったら株を売ります。そうしたことをやるだけで、「自分は株主なんだぜ」と満足できるんです。自分は株主なんだからと満足できると、気持ちにも余裕が生まれて、仕事にも良い影響が出てきます。

株は、自分の価値観で判断すればいいんです。僕の場合は、浪費癖を抑えるためだけにやっています。自分の思うように動くから浪費は抑えられるんです。投資として最も有効なのは、不動産です。一番簡単です。

金銭哲学⑤　１００万円の壁を越える

「安定した給料が欲しい」という考え方になった時点でそこから先はありません。先はないというのは悪い意味ではなくて、安定はあるけれど、１００万円の壁はおそらく越えられないという意味です。

ある程度までお金を増やせても、それ以上増やせない人の多くが月収１００万円で止まっています。

本当のお金持ちになれるのは、月収１００万円の壁を越えられる人のみです。

僕より若い起業家たちから、「どうやったら月収１００万円を超えられますか」と相談を受けることがすごくあります。一番若い人で14歳でした。「手取りで、月に90万円しか稼げなくて、もっと上に行けないですか」と言われます。

そういう人たちには１００万円の壁があります。自分だけが稼ごうと思うから、

100万円を超えられなくなるんです。壁を越えられるかは、人のために動いているかどうかで決まります。

100を1千にするように、収入の桁を上げていける人は、どれだけ周りが困っているかを常に考えている人です。困っている人がいるから、その人たちのためのビジネスで、100を1千に、収入を10倍にできるんです。でも、自分だけが稼ごうと思うと、自分が動いた分や、周りを犠牲にした分しか稼げません。

そういう人たちにはいつも、「まず人に与えなさい、そうすれば自分に返ってきます」と言います。困っている人たちに手を差し伸べる、困っていることを解決するような方向へ行くと、良い気の循環が生まれて、壁を越えて、上へ行けます。

仕事を選ばないのであれば、日勤と夜勤をしたら月に100万円は稼げます。月に100万円ならば、自分の労働で稼ぎ出すことは可能ですが、それだけでは100万円の壁は越えられません。

金銭哲学⑥　稼げるようになるまでは苦労をする

僕は、交際費も全部払っているので、すごくお金を使っていますが、それはお金に困らなくなってからです。そうなるまでは苦労した方がいい。

好きなだけ食事にもお金を使えるようになりましたが、今でも、苦労した時代と食生活はあまり変わっていません。

指針にしているのは昭和時代の食事です。今、長生きしている人たちは昭和を生きてきた人たち。その人たちの幼少期の食事は、米とみそ汁と梅干だけなんて当たり前でした。今の人たちが、好きなものを好きなだけ食べて、何歳まで生きるかなんて誰もわかりません。だけど、僕は寿命が短くなると思います。

僕みたいに、粗食でやせ型の人間は長生きできると思う。朝なんて食べる必要ありません。

自分で苦労せずに、生活資金を借りる人もいます。

そういう人は、基本的に稼ぐ力がありません。仕事欲がないんです。ちゃんと仕事をしていたら、お金がマイナスにならないように頑張るはずです。

「100万円貸して」と平気で言う人に、「1カ月で100万円稼げる仕事があるけどやる?」と聞いてもやりません。僕だったらやります。なぜ100万円を借りる前に100万円を稼ぐ努力や苦労をしないのか不思議です。

金銭哲学⑦　お金を生む人と思わせる

学生時代、いろいろなことをやっていたので、政治家との関わりもありました。当時は民主党政権でしたが、おそらく民主党の議員のほぼ全員と会っていました。自民党でも総裁選の決起集会に呼んでもらったりもしました。当時の国会議員の200人くらいとは面識があったと思います。

なぜそんなことが可能だったのか。

いろいろな大人から、金になる人間だと思われていたからです。金になる人間と思わせることは大事。いつでもそう思ってもらえるような、セルフ・ブランディングはしています。金を生む人だなと思わせることは、上に行くためには必要です。でも、僕の持っている金だけを見ている人とは、不思議と縁がつながりません。

僕は、どれだけ年上だろうと、偉い人だろうと、どんな金持ちだろうと、食事は全部奢ると決めています。しかし、ビジネスだと、業界や場面ごとでルールがあります。保険会社とは割り勘とか。そういう業界の最低限の礼儀は守ったうえで、基本的には僕が払っています。

なぜ僕がお金を払うのかというと、初めて会ったときに相手の分も含めてお金をすべて出すことで、この人といても損はしないなと思わせる効果があるから。

相手が心を許すのには、段階があります。最初は、損はしないと思うライン。相手の方が、得られるものが多い状態です。相手が何も話さなくても僕がべらべらしゃべることで、この人は何でもしゃべってくれるなと思ってくれます。そんなことを続けていくと、相手は「自分にとってちょっとプラスになるかも」と徐々に心を開き始めます。すると、そのうちに、「自分はこれだけしてもらっているのに、何もお返しできていないかもしれない、まずいかも」となります。段階を踏んでいくと、相手も心を許してくれて、僕にとっての良い情報をくれたりもするんです。

でも、相手から何かを引き出そうと画策してそんなことをしているわけではありません。たとえ、相手が何もしてくれなくても、僕は付き合います。なぜかというと、自分が相手に100あげても相手からは1返ってくる程度、とよく言いますが、僕にしてみれば、1

返ってきたらすごい方です。100を相手に与えても相手からの見返りはゼロだと常に思っています。

一時期、お金を出すことをやめたらどうなるかと思って、全部割り勘にしたことがありました。そうしたら、相手が心を許してくれるまでのスピードが格段に落ちたと感じたんです。

「割り勘でいいよ」とみんなは言ってくれますが、割り勘にしてしまうと、「この人と付き合っても損がないな」という考え方には至りません。割り勘にすると、「この人からもっと情報を得よう」と思われていると強く感じました。当時は、多い日だと1日で10人近い人と会っていたので、全員に自腹を切ると何万円というすさまじい金額になりました。でも、全部払った方がいいという結論に落ち着いたんです。

お金を出すことについては、当時からもうひとつ僕の中ではルールがありました。自分よりも格上の人には全部、絶対に奢ると決めていたんです。自分よりもお金を持っていたり、立場が上だったり、実績がある人に僕が奢るのは当たり前です。逆に、僕の話を聞きに来る人たちは、僕が話をしてあげるんだから、話を聞く方が僕の分まで自腹を切るのは当たり前だと思っています。

だから、格上の人に対して奢ることは一度も止めていません。

世の中には、自分よりもお金がある人からは、奢ってもらえるのは当たり前だと思っている人が多すぎです。逆です。お金がある人は自分よりも格上なので、その人のためにお金を出して、話をしてもらったり、聞いてもらったりするんです。そこが理解できていない人が多い。お金を持っている人に奢ってもらえるなんてありえないです。

大学生のときに、ＪＴＢの当時の会長と出会って、今度ご飯に行きましょうよとお誘いしました。どれだけ高級な料理でも、全部自分が持つのでと言って付き合ってもらいました。自分が会いたい人へはお金をかけないといけません。

同じことを、僕が主催しているサロンのメンバーには伝えています。自分より格上の人間にはお金を払いなさいと。

サロンでは、メンバーから年間65万円を払ってもらっています。みんなで勉強会を開いて、その後の食事会で僕は奢られるのは当たり前です。全部メンバーに払ってもらいます。

それが、食事代はすべて払う、というルールの唯一の例外です。みんなにこうするんだと教えるためにやっています。

これまで国会議員や上場企業の社長など、格上の人にはたくさん会っていますが、全部奢っています。国会議員には、お金があると思われると「パーティー券買ってよ」と言われるので、「いいですよ」と数万円で買ったりもします。言われたものは全部買います。パーティーには行かなかったりするんですが、相手には時間をとってもらっているので、パーティー券は買います。

普通の人間だったら、何の理由もなく僕に奢られ続けていたら、僕に対する恩や何らかの感情が生じてくると思います。それで何かを相手から提供されても、僕は基本的には受け取りません。何かしたいと言われても、それは受け取らずに、僕から情報を出したり、何かを奢ったりすることをやめたりしません。

たとえば、もしも、僕が抱えている問題を解決してくれたら、相場の額を払います。僕と一緒に何かビジネスをやりたいと思ってくれるんだったら、僕がお金を出すからやりましょうと提案します。

この話にはさらに最終段階があります。お金も全部出してくれて、この人は損がないなと付き合っていて、いろいろな情報もくれて自分にとってはプラスになるのに、何かやろうと誘ったらまたお金を出してくれるんだとなったとき。その人は絶対に僕に付いてきます。だから、こういうことを続けていくと、最終的には、人がいっぱい僕に付いてくるんです。

かといって、僕に何か素晴らしい才能があるかといったら実はないんです。不動産投資が特段にうまいわけでもありません。買い付けの能力が高いとか、契約書が誰よりも正確に作れるとか、そういう突出した能力はないんです。でも、人を集めるのは得意です。

金銭哲学⑧　ユニクロを買う理由・スーパーカーを買う理由

「金持ちなのに、なんで洋服がユニクロなの？」

しょっちゅう、こう言われます。でも、ユニクロを着ているからお金が貯まるんです。洋服にお金をかけることは無駄だと思っています。だって、一度でも袖を通したら、価値が一気に下がりますよね。そんなものにお金を出す理由がありません。お金を持っている人ほど、洋服にお金をかけません。だいたい、ユニクロが多いという印象です。でも、年収が1千万円の人は50万円のスーツを着たりします。年収がさらに上がっていくと、そんなところにお金は使わなくなります。年収が億単位に突き抜ければ、ほとんどの人がユニクロを選びます。

僕は、スーパーカーのオーナーという顔も持っています。フェラーリやランボルギーニだって買いました。でも、それはなぜか。金持ちだから買ったわけではありません。洋服と違って、スーパーカーは中古でも値段が上がるからです。最近、フェラーリも値段が上がったので売りました。それも買った値段からすると、かなりの利幅でした。だから、スーパーカーは、国産車を新車で買うより結果的にお得なんです。高級時計も同じです。中古でも、驚くほどの高値で売れるから、金持ちは買うんです。

この話は「当たり前じゃん」と思うかもしれません。でも、いざ自分が1千万円程度の年収になると、なぜか勘違いして無駄な出費をしてしまうんです。もう一度言います。ユニクロを着ているからお金が貯まるんです。良いスーツなんて、見栄でしかありません。

金銭哲学⑨　元手ゼロから投資する

元手ゼロから自分は投資ができます。

なぜなら、1円でも多く支出することは、マイナスにつながることをよく知っているから。だから、元手のないビジネスにこだわります。お金があるからビジネスを始められるのではありません。

お金が減ることを、僕は人の何倍も嫌います。アレルギー反応が出るくらいに嫌いです。不動産業で儲かっているから、ちょっと贅沢していいかなと、高い食事代を払うなんて無理です。月収が1千万円の人であれば、日収は約30万円になります。だったら2万円の寿司屋へ行ってもいいよね、だって1日に30万円も稼いでいるしと思う人が多いのですが、僕は絶対にそんな思考には至りません。ランチだって、いろいろなところから株主優待が届くのでそれを利用しています。中華、牛タン、寿司、バリエーションもあるので、それで十分です。むしろ使いきれずに余るくらいです。そのくらい、1円も出費せずに生活することを普段から考えています。やはり、14歳の頃の苦労が身に染みていることが最大の理由だと思います。

投資は、リスクをとった分しかリターンは得られません。

でも、最初が一番大変です。よく、株で20万円を1億円にした、という人がいます。その最初の20万円を増やすのが超がつくほど大変です。20万円を1億円にした人は、たいてい、どこかで一度ゼロにしています。5千万円になったときにゼロになるリスクもあるし、1億円になったってゼロになるリスクはあります。リスクをとった分しか増やせないので、1億円がゼロになるリスクをとって初めて2億円にできます。すごく大変です。

だったら、そんなに大きくは儲けられないかもしれないけれど、リスクをとらずに済むような元手ゼロから始めてもいいと思います。たとえば、アフィリエイトみたいに元手ゼロで始められて、手堅く数万円を稼げるものの方がいいと思います。

会社員の人でも、ローンを組んでビルを1棟買う人もいますが、僕はおススメしません。だって、それって借金じゃないですか。借金も資産だと言うかもしれませんが、その物件で自殺者が出たり、放火に遭ったりするかもしれません。そんなリスクを冒してまで、年収が1千万円程度の人が借金で2億円のビルを買ってFIREを目指すなんて、僕には考えられません。家賃収入が100万円入っても、返済に50万円は払わざるをえないんです。そんな借金で2億円のビルを買うよりも、1円で戸建てを買ってきてリフォームして5万円で貸し出せばいいんです。そんな物件を10軒やっただけで、2億円のビルのためにまるまる借金して返済している人のキャッシュフローは抜けます。元手ゼロ、とにかくミニマムにリスクなく、大きく借金している人よりもキャッシュフローを出せるかです。

信じられないくらい低リスクでできるビジネスが、僕の周りにはたくさんあります。1円不動産投資だって、山投資だってその一部です。こうしたビジネスにたどり着いたのは、リスクがあるものを減らしてきた結果です。今以上のリスクをとる必要性はないし、これからもよりリスクを減らしていく方向です。

投資を始めるときは、リスクをとるものが多いので、ノーリスクは難しいというのが現実です。でも、浮かれた話には乗らないこと。それと、ちょっとお金があると、海外の不動産やプライベートバンクの話なんかを、みんなしたがります。そんな地に足のついていない投資話をしてもしようがないと思うんです。もしも本気で海外の不動産に関心があるなら、毎週お目当ての場所へ通って、それこそ100万円分の交通費を使って、海外で1円の物件を見つけるくらいでないと、成功なんてほど遠いです。

金銭哲学⑩　WIN-WINは6：4

ビジネスへ投資していますが、その結果として得られた利益の分配は、5：5ではなくて6：4です。相手に最低でも6は与えて、自分は4以下しかとりません。そうしないと、相手にはWIN-WINだと思ってもらえないからです。

5：5にした場合、相手は自分の取り分は4だと思っています。だから、6を与えたのにもかかわらず、相手に5以下しかもらっていないと思われた場合は、ある意味でそのビジネスは失敗かもしれません。

利益の分配でいうと、最初の話の仕方、条件の決め方や契約を、もっときちんとしておけばよかったということもあったし、後になって金銭的にもめるケースもけっこうありました。でも、もめてしまった人とはその後の付き合い方は変わったし、僕としては失敗を次に活かすだけです。

いつも人に言うのは、WIN-WINは、相手6で自分は4だということです。むしろ相手に6以上、自分は4以下ということがWIN-WINの読み方です。5：5だと勘違いしている人が多いのですが、僕は利益分配では6：4を一番大事にしています。

僕が「6：4でやってるよ」と言うと、「へー、それはそうですよね」と言われて終わることが多いんです。でも、みんなのWIN-WINを見ると、5：5でやっているケースが多いですね。

金銭哲学⑪　マネーリテラシー・社会常識を身につける

マネーリテラシーはすごく大事です。

よくFP（ファイナンシャルプランナー）の人たちが宣伝目的で「お金の勉強をしましょう」と言います。「1946年に預金封鎖がありました。だからお金なんていつどうなるかわからない時代です。それに、昔は財産税が90％課されていた時代もありました。今、預金封鎖に対応できる投資先があります。それはあなたの頭です」と宣伝したりしています。宣伝に乗るつもりはありませんが、FP2級の勉強をしたら最低限のマネーリテラシーは身につきます。

FP2級はすごくいい目標になると思います。本を読めば1週間で取れちゃいます。特に金融関係の業界にいた人ならば、2～3日勉強すれば、全部知っているというレベルまでいけます。資格は取らなくてもいいのですが、勉強はした方がいいです。

とはいっても、資格取得の良さは期日が定められているので、焦りが生じて、もっと勉強しなきゃと何度もテキストを読み込むところにあります。何千円というお金を払うことで、強制的にその形を作ることができるんです。資格を取ることがすべてではないし、知識を得られればいいんですが、期日を決められることで勉強の効率がアップするのは間違いありません。

FP2級と一緒に勉強してほしいのが、秘書検定2級です。準1級からは実地がありますが、2級は実地がない筆記だけなので勉強しやすいです。

たとえば、タクシーと一般の人の車とでは、席次が違います。知らなければ誰も教えてくれません。知らないことを知らない状態になってしまいます。だから、知らずに助手席に乗るとか、そういう失礼なことをやらないために、知らないことをひとつでも少なくするためにも、2級の教科書を1週間くらい読んでください。ビジネスマナーを得て、スムーズなコミュニケーションをするためです。

昔から、資格は3つ取った方がいいと僕はおススメしています。

運転免許、FP2級、秘書検定2級です。それにプラスするなら、簿記検定の3級や2級は取ってもいいんですが、専門性が高くて勉強が大変だし、使わないこともあるので、興味がある人だけどうぞ。

マネーリテラシーの使いどころのひとつに資産防衛があります。

自分の資金は、早い段階から防衛していかないと、無駄なものにお金を使ってしまいます。お金が稼げるようになってきたのに、稼いでいるうちに知らないところに穴があって抜けていくんです。たとえば、住むところは収入の3割、とよく言いますよね。その罠に引っかかって、100万円を稼ぐようになったらわざわざ30万円のところに引っ越す人がいるんです。そんなことをしていたら、どれだけ稼いでも穴が広がってお金がなくなっていきます。僕はたとえ月収が100万円でも3万円の家賃のところに住みます。家賃比率は極限まで下げます。成功している人は、収入と家賃の差がめちゃくちゃ開いています。

収入がない時点から、穴をゼロにすることが大事です。

金銭哲学⑫ 投資家に必要な金銭感覚

収入と支出の人格を分けること。

僕は、支出するときは時給1千円の人間になります。

高校生の頃、魚屋でアルバイトしていたときの時給が1千円だったので、そのときを思い出します。当時の資産は別ですけれど、時給1千円の中でやりくりしていました。時給1千円だったら、バスを使わずにこの1区間を歩いた方が30円安くなるとか。その時給1千円のときの感覚で今も生きています。

もちろん、それよりも損害が大きい場合は話が別です。たとえば、今だと友達が車に同乗しているときに、わざわざ下道を使って車酔いさせる必要はありません。だから、仕事の都合次第では高速道路を使って、人に迷惑をかけないようにはしています。

自分が努力すればいいときは時給1千円を貫きます。たとえば、バス停に着いたのが夜の11時だとして、12時までに寝ればいいんだったら、バスに乗らずに1時間くらい歩きます。どうせ、もう今日はこれ以上何かを得られることはないんだから、１００円くらい得しようと思うんです。歩いたらウォーキングにもなるなと。ウォーキングだったらいくらにもならないのに今日は１００円になる、という考えで今でも動いています。だから無駄なお金は本当に使いません。支出をするときに、時給1千円の人だったらどうするかということを考える癖をつけるためにも、時給が最低額のところで必ずバイトをした方がいいと思います。

でも、収入に関しては、僕は稼げるだけ稼ぎます。

たとえば、山投資だと、森林法の届出というのがあって、山を買うと市町村に届出をするんです。その書類作成は、行政書士に頼むと2万円くらいかかります。自分でやったら紙を数枚印刷して書いて提出するだけです。書き方はインターネットにも書いてあるし、役所に電話すれば教えてもらえます。

お金があれば、届出の作成をお願いすると思いますが、どうにか自分でできないかを考えて調べてやるということを、時給1千円の人は絶対にやります。そこで努力を惜しみません。だから、無駄な支出は1円もするつもりはありません。

かといって、たとえば200万円で売れる100万円の山があったら、時給1千円の人は買わないだろうなではなくて、投資価値のあるものはいくらであろうと買います。

だから、投資と消費のラインを分ける必要があります。消費に関しては、時給1千円の金銭感覚が大事で、常に厳しくいかないといけません。

じゃあ、200万円で売れる100万円の家の話がきたとします。自分で登記していたら間に合わないとなったら、10万円を払って司法書士に依頼するというのは話が別です。そうしないと、10万円をケチることで100万円が得られなくなります。投資家を見ていて、こういう立ち回りができない人が多いという印象です。

たとえば、残置物。家の中に置きっぱなしになっているものです。家の中のものは引き渡しと同時に自分に財産として移転されます。プロになると、何も見ずに業者に持って行かせます。

ところが、投資家の中には、その家に行って自分が欲しいものを探し始める人がいます。トイレットペーパーとか、ボールペンとか、自分のものにできるものを探し始めて、そんなことを繰り返すうちにどんどん時間が経ってしまいます。使えるものの合計なんて、数千円程度です。たまに現金が落ちていますが、たかが知れています。

家をばーっと見て、棚があれば引き出してみて、何もなかったら終わりです。1日かからずに終わります。これを何日も家に行って片付けして、モノを探してとやっていると、1カ月経ったりします。もし、1カ月早く貸し出したら、家賃収入は1カ月分増えます。1カ月分の家賃収入の機会損失をして、それ以下の価値しかないものを探すだなんてばかげています。

実は、僕も最初はやっていました。家の中を使えるものがないか探していました。そういう機会損失の計算ができるようになってくると、生み出せるお金がどんどん増えていきます。機会損失なんてしたら、元も子もないんです。

金銭哲学⑬ 会社員が副業したいのならば

つい最近出した『一生お金に困らない家投資の始め方』（クロスメディア・パブリッシング）は、会社員の4割弱の人たちは仕事を辞めたいと思っていると聞いたことがあったので、あえてそこを刺激するように書きました。その人たちに売れるし、読んでほしいからです。

会社員を僕は尊敬しています。嫌味では決してありません。僕のように昼寝をしなくてよくて、朝から夜まで働ける人は純粋に羨ましいんです。

僕が14歳のときは、普通の会社員よりも稼いでいない状況でした。でも、そのときに今の土台を作っています。数十万円のお給料をもらっている会社員が、当時の僕よりも金銭的には上の立場にいます。だから、いくらでも資産形成できる状態です。

これから会社員が副業する場合は、年間で300万円超稼がないと、全部雑所得になる可能性があると僕は思います。一定以上稼いでも、帳簿を保有していないと、事業として見てくれなくなる時代が到来します。３００万円が基準だとすると、月に25万円超稼がないといけなくなるんです。

14歳のとき、ＩＴ系の仕事で成功し、その結果、有名な投資家の与沢翼さんや川島和正さんと同じくらいの収入になりました。あの人たちと横並びになったんです。14歳のときには元手がないからパソコンでできるＩＴ系の仕事を選びましたが、やると決めた以上は、当然、誰が何に困っているかをすべて確認してやっています。

ビジネスを始めるのであれば、今、日本にいる1億人の人、または自分の周りにいる人たちが何に困っているかを常にヒアリングし続けたら、おそらく1年後には月に25万円以上の収入は絶対に実現します。断言できます。

だから、会社員に対して言えることは、人間である以上、全員一緒。僕だけが特別ではないということです。

それから、会社員で独立を目指す人もいると思います。

そんな人のほとんどが、人脈があるからと、それまでやってきた仕事をそのまま続けようとします。おそらく、収入は安定するか、会社がピンハネしなくなる分は増えるでしょう。でも、そこから先は下がるだけです。

自分がやってきたことからビジネスを広げていくセンスがある人は、そもそも会社員時代の人脈をもって独立をしません。それよりも、働いていた会社を大きくしようと最大限の努力をしたにもかかわらず、会社に受け入れてもらえなかった、じゃあ独立しよう、ということがきっかけになります。

どれだけ会社に守られているかは、会社の中にいるとわかりません。これはオーナーだからこそ思うことです。

金銭哲学⑭　借金に殺されない・お金を簡単に貸さない

投資やビジネスをしたら、失敗して借金を作る可能性もあります。でも、日本には、借金まみれになって財産がゼロになっても、絶対に生きていける方法があります。そういう国です。

ホームレスになったら、行政を筆頭に必ず誰かが助けてくれます。半分死んだような状態で路上に倒れていたら、役所の人が大丈夫ですか、何かできることありますかって聞きに来ます。だから、今の日本で、路上で野垂れ死ぬことは100%ありません。急性アルコール中毒で倒れちゃって死ぬなんていうのは別ですが。

借金がいくらあっても、物怖じせずに今を生きていくことが大事です。数百万円、数千万円なんかで破産したり自殺したりしないでくださいね。お金を返すためにそんなことをする必要はありません。

逆に考えてみます。

借金させてくれと言ってくる人がいたらどうするか。

お金を貸す必要は本来ないんです。お金に困って、借金まみれになって、たとえ返せなくて路上で倒れても、死にません。そんな人を助けてあげるのは鳩に餌をやるのと同じ。寄付行為です。電車のホームで鳩に餌をあげたら超迷惑ですよね。それと同じことです。

つまり、１００万円が借りられるんだと思ったら、その人は延々とそれを繰り返して、人に迷惑をかけ続けます。１回懲りてねと。本当に無理だと倒れて、役所の人に助けてもらって、生活保護をちゃんともらって、懲りてくださいと。生活保護はもちろん税金なんですけどね。でも、税金が無駄になると言い出したらきりがないので、どうしてもお金に困っているのなら、行政の仕組みを使って生きていくことも選択肢のひとつです。

金銭哲学⑮　税金は払うべきもの

税金に文句を言う人がいますが、文句があるならもっと稼げよと思います。

2千万円を稼ぐと、所得税と住民税で約700万円を払うことになります。もしも、2千万円きっちり欲しいんだったら、2千万円を手残りさせるために3千500万円くらい稼げばいいだけの話。悔しいならもっと稼げばいいんです。

警察に何か文句を言われて、自分の税金で養ってやってるのになんて言う人をたまに見かけます。でも、それが彼らの仕事です。そこを勘違いしている人が多いです。

上にあがれる人は、税金はちゃんと払うもの、と認識しています。

成功者は税金を絶対に払っているし、税金に文句を言うくらいならもっと稼ぐし、公費がどんなことに使われても文句を言いません。それで億の生き方ができるようになります。

金銭哲学⑯　支払い期限設定のコツ

金銭哲学の最後に、すべての人に関係する話ではありませんが、余談としてお伝えしておきます。

支払い期限をあえて伝えないことも大事になります。

なぜなら、支払いを急かされると、支払う気がなくなることがあるからです。

たとえば、12月31日支払期限の請求書が、12月18日に送られてくることがあります。

そんなときは、「そこまでギリギリに期日を定める必要はないのでは」と僕ならば思います。

その請求日がたとえば12月11日だった場合、送付をしたのは届いた18日の2、3日前のはずなのに、請求書の日付が1週間前ということは、その間に請求をせずに放っておいたことになります。それはとても印象が悪いんです。

到達日と請求日があまりにもかけ離れている請求書については、請求日を変更して送付し直すように依頼することもあります。月に1、2回程度のことですが、僕としては理解に苦しむので、筋を通してほしいといった感情からです。

それと逆の対応なのが、今利用しているあるランボルギーニのディーラー担当者です。車両修理などの施工費が10万円ほどであっても、当日にディーラーで現金払いやカード払いなどで、いわゆる即日払いをさせません。ワンクッションおいて請求書を発行し、なおかつ「気が向いたときに支払ってもらえたらいいですよ」「来年でもかまいませんよ」と言ってくれます。

そうなると、いつでもいいと言われることで相手の印象が良くなって、1日でも早く支払おうという気持ちになるので、早期支払いへの意欲が出ます。もちろん、支払いというのは対価ですので、支払いをしないという権利はありません。しかし、逆の立場で考えてみてください。債権回収の視点で見ると、確実に、またはできるだけ早く支払いを受けようと思うはずです。そうであれば、あえて期限を伝えないことも大切ではないかと思います。もちろん、これは相手を選びますから、すべての人には通用しませんが、そういった考え方を理解できる人にとっては非常に有効な手段だと思います。

今後、ビジネスを展開し、投資を続けるようになると、そんな金銭の授受の場面も多くなります。「永野さんの本にあんなこと書いてあったな」くらいでいいので、頭の片隅に置いておいてください。

PART5

永野彰一の行動哲学

行動哲学① 他人に投資をする人がとるべき行動

他人に対して何かをしてあげたいと思っている人は、自分が成長して誰よりも先を走らないといけません。そのためには、常に新しい情報を得る必要もあります。

僕のところには、これから送電線を建設する予定の山を買わないかという話もきます。そういう山の場合は、オーナーは面倒くさいから売りたいんです。送電線を建設するためには、測量、分筆、地役権の設定など、時間も手間もかかる手続きがいろいろとあります。送電線が建設されたら毎年お金は入ってきますが、手続きを引き受けてくれませんかという話です。

僕にとっては、送電線があることで年間数万円から数十万円の収入が見込めます。でも、その収入以上に、建設現場に立ち会ってみたいと思い、買うことにしました。けっこう高くつきました。しかし、誰よりも先を走り、自分が成長するためには、そういう自分が知らない情報を得ることに対して、多少のコストがかかっても積極的に行動すべきだと思います。

行動哲学② 準備は短く

準備はすればするほど、当たり前ですがその分の時間が必要になるので、目標到達までには時間がかかります。だから、目標到達までのスピードを上げるためにも、準備は極力短くした方がいい。

たとえば、洋服を選ぶ時間。仮に洋服を選ぶのに1時間かけるのであれば、その1時間は無駄です。その日に必要な作業に充当する方が生産性は上がります。

僕の場合は、朝、起きたらすぐに家を出られる状態にするために、同じ洋服を何着も用意して、選ぶという作業をカットしています。5歳くらいの頃から、洋服を選ぶのが嫌いでした。今は、上は黒のTシャツ、下は青のジーンズと決めています。だから、洋服を着るのは1分。すぐに仕事に出かけられます。洋服を選んでいる人の時間を売ってほしいと思うくらいです。仕事という目標があるならば、そこに至るまでの洋服を選ぶ・着るといった準備は短くして、仕事というやりたいことに対してスピーディに動く方がいい。

アメリカのＩＴ大手の社長は、同じ格好をしている人がけっこう多いんです。洋服を選ぶのが嫌いな人が、実業家として成功しているんじゃないかと思うくらいです。有名な実業家ほど洋服を選びません。

何かのビジネスを始めるにあたり、それに関連する知識を得たり、開業資金を作ったりするのは準備ではありません。もうすでに、ビジネス成功に向けて走り出している状態ですから、準備期間ではありません。スピード感を持って、突き進むだけです。

僕が１００個の資格を取ったのも、準備をしていたわけではありません。１００個の資格取得という目標到達に向かって、ただ走っていただけです。資格＝準備という概念を持っている人は、資格が使えるからだと思います。僕は、資格を何かに使おうとは最初から思っていなかったので、１００個という目標到達に向けて進んでいただけでした。

やりたいことは、思いつきでも何でもかまいません。進んだ結果を得ないと、次にどうすべきかは見えてきません。

やりたいことを始めたら、準備をするためにやっているわけではないと自覚してください。

行動哲学③　総当たり

僕は、ビジネスでの立ち回りがうまいとは思っていません。いつでも総当たりするだけです。

今は立ち上げた子会社が、ようやく全部形になってきています。会社を維持する費用が出せて、役員報酬も払えて、ほぼ全部の子会社が順調に回り始めました。

その子会社の社長たちにも言っています。「石橋を叩くな」と。自分がいいなと思ったり、やりたいと思ったりしたことはすべてやっていく、それが僕のビジネススタイルです。

「1円不動産」という投資で成功し続けているのも、総当たりのおかげです。

全国のあらゆる物件に対して、「ただで譲ってください」と言い続けました。99％の不動産屋には、「ふざけんじゃねえよ、そんなのあるわけないだろ」と断られました。でも、電話をし続けて、たまたま巡り合った「1円」の物件が、山投資にもつながりました。

もし、総当たりで、あらゆる不動産屋に連絡をしなかったら、そういう物件とは出会えませんでした。おまけに、その物件も1円で売買されることはなかったでしょうから、「1円不動産」という概念が日本に生まれていなかったと思います。

今、この本を読んでいる読者の方で、本当に「山投資」「不動産投資」をやりたい人は、一般人が見ることができるインターネットの不動産情報サイトをまず見てください。アットホーム、スーモなど、ポータルサイトはたくさんあります。その情報の中で、北海道から沖縄まで、自分が買える予算以内のすべての物件に問い合わせしてください。軽く1千軒くらいにはなると思います。ただし、現実的な話をすると、一般人は業界の人間だけが見ることのできる不動産情報のサイトは見られませんから、良い情報は少ないと思います。それでも、総当たりでいけば、その中に上澄みは必ずあります。

問い合わせを入れた瞬間から、凄まじい量のメールと営業の電話がきます。すべてに対応してください。無視してはいけません。その中で話をしていって、気の合う不動産屋を見つけてください。信用できそうな人を。

たとえば、僕が「山投資をやりたい人だったら、このサイトを見てください」「このサイトでこの物件がおススメなので問い合わせをしてください」と伝えると、その人はそのサイトしか見ないし、僕がすすめる不動産屋にしか問い合わせをしません。それでは、視野は狭いままです。

不動産に限らず、自分が興味を持ったものは、あらゆる情報をすべて集めてください。その情報を見たうえで行動を起こしてください。

でも、総当たりをしなさいとすすめても、すべての情報を見てくださいと言っても、本当に見た人は何人もいません。みんな楽をしたがるからです。集められる情報をすべて見たうえでビジネスも投資もしなくてはいけないのに、みんなそうしません。

よく、2対8の法則と言いますが、これを働く人間に当てはめると、実際には、8割は何もしないレベルです。上位は、2割じゃなくて2%というのが僕の実感です。総当たりしてくださいと言っても、やるのは、100人中2人です。「永野さんの投資方法を知りたい」と言うからアドバイスしても、アドバイスどおりにやるのは100人中2人だけ。しかし、その2人は絶対に成功します。繰り返しますが、僕の言うとおりにやったら、絶対に成功します。僕自身が実際にしてきて成功してきたことですから、当然です。

僕は本音しか言いません。僕の言うことを疑う人に会ったことがありません。疑うような人たちが僕に会えないようなフィルターをいっぱい設けているから、そもそも僕を信じようとしない人は僕には会えないんですが。

行動哲学④　やる気さえあれば、というのは本当のこと

「永野さんだからできるよね」と言われることは多いです。「自分には永野さんの真似はできない」と多くの人に思われているようです。

しかし、僕の真似をやろうと思えば絶対にできます。僕のやり方は全部後天的に身につけたものだからです。

親がもともと金持ちとか、幼少期に帝王学を学んだとかだったら、真似できないというのもわかります。しかし、僕は皿洗いから始めて一流のシェフになったような人生を送ってきたので、努力すれば誰でもできます。逆にいうと、親から何億円もの財産をもらったような人は僕の真似はできません。普通の人、ごく一般的な家庭で育った人なら、やる気さえあれば絶対に真似できます。

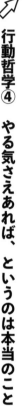

行動哲学⑤　悪い仕組みに行動でNOと示す

僕が今やっているマイナス物件は、当たり前ですが、マイナスで買ったとしても固定資産税が発生します。そのため、固定資産税の何十年か分をもらうんです。だから、物件を譲り受けて、お金ももらう、という仕組みが成り立っています。

たとえば、労働基準法も同じです。従業員を雇うとなると、厳しい労働基準法の規則を遵守しなければいけません。労基関係、人件費関係のコストは、中小企業にとっては利益を圧迫する最大の要因でもあります。だから正社員を雇わずに業務委託するのが、一番いいというのは目に見えています。

『業務委託契約のススメ』なんて本を出せば、うまくいくとバズると思っています。正社員を採用するより業務委託で仕事を任せる人と契約したいと思っている中小企業の経営者は多いですから。どうやって労働契約を業務委託へ替えていくか、その知恵をみんな欲しがっているはずです。

労働基準法があまりにも強くなりすぎたから、業務委託へ替えていくことは、経営者は当然やらなきゃいけないことで、それを推進するのはとてもいいことだと思います。もし、それをダメと国が言い張るのなら、労働基準法を変えてもらいたい。

労働基準法については、労働基準監督署関係の人たちを敵に回すのは覚悟のうえで、労働基準法で苦しんでいる数百万人の経営者のためにあえて書きたいと思います。

現行の労働基準法は、労働者に対して100対0です。つまり、労働者側に100％有利な法律になっています。経営者側のメリットはゼロです。労働者を守るための法律なのであれば、それと同様に経営者も守らなければ、その法律の有効性ってないですよね。一方だけが得するような法律には、誰も従いません。

どうやったら法律を遵守してもらえるかを考えるべきです。労働基準法を、経営者にも有利な内容に一部でもいいので改正すれば、業務委託ではなく雇用契約がばんばん増えていくはずです。人が付いてくるような仕組みにしないと、結局、誰もその法律には従いません。

行動哲学⑥　わざとナメさせる

2022年9月22日に放映されたテレビ東京系の「じっくり聞いタロウ」という30分番組で、僕がメインとして取り上げられたことがありました。

番組の中で「フェラーリから降りてきた永野さん、まるで虫捕り少年のよう。今までのフェラーリオーナーとは全然違う」と紹介されたんです。

そうしたらツイッターで、「山王君、脇が甘いね、そんなことをしていたら命をとられるよ」と書かれたので、「このようなコメントに対しては厳正に対応します」と返信したら、すぐに謝罪文が来ました。「本当にすみませんでした」と。

そこで、僕は追加で、「何が甘いんですか」と聞いてみました。相手は「一切甘いことはございません」と。

基本的には、人からナメられないことが大事です。

僕がナメやすく見られるのは、そう見られるように演技しているから。芸能人が作るキャラみたいなものです。それに、僕がやせ型なのは発育期に貧乏だったことが原因です。子どもの頃は太っていましたが、家を出た14歳のお金のない頃は、1日に1食も食べられませんでした。そのときに完全にやせ切って、胃が小さくなって、それ以降は食べられなくなったんです。食費を削って生活していた14歳の頃の習慣が今でもあるので、億単位で稼いでも、食にお金をかけずにきました。

だから今でも、やせ型のまま。こんな体型のせいで、雰囲気はお金のないチンピラと一緒だと言われます。

【ナメさせるメリット】

・ナメさせることによって、相手の本性が見えやすくなる
・腰を低くすることで、「自分よりも格下だ」と勘違いする人なのかを判断する
・本物しか周りに残らない
・騙す人が残らない

【ナメさせるデメリット】

・周りに残る人が少ない

行動哲学⑦　1やられたら100でやり返す

みなさんは、僕が成功続きだと思うかもしれませんが、山投資も不動産投資も、失敗ばかりです。

失敗と言っているのは、あくまでも短期的な失敗のことです。長期的な視点で見れば、いずれも損した分は取り返していますし、それ以上の儲けを得ていますから、失敗はすべて成功に替えています。

自分が値引き交渉を必ずする最大の理由は、後から考えたときに「あの物件は高かったな」と思った経験があるからです。

100万円を損したら、1億円を稼がないと気が済まないんです。昔買った180万円の家が失敗だったおかげで、結果的には何億円という値引きを成功させていますが、180万円を損したら1億8千万円を稼がないと気が済みません。だから、1やられたら100でやり返します。

1やられたら100でやり返すというのは、人としては良くないことです。でも、その精神を持っているから、何があってもへこたれず、即座に気持ちを立て直せるバネがあると思っています。泣き寝入りは絶対にしません。

何を言われても、心が折れないことが大事です。中学3年でいじめられていたとき、クラスメイト全員の26人は敵で味方は誰もいませんでした。いくら稼いでいようと、たとえ親が市議会議員だろうと、数には勝てないんです。いじめられて以降、そういう数の原理で攻撃されることが本当に嫌になりました。しかし、数の原理は社会では通用しません。だから、社会人になったときに、たとえ100人が束になってかかってきて、僕一人になっても負けないようにしてきました。100人までならば、絶対に負けないようにしようと、100人が攻撃してきても、力でねじ伏せられないために努力してきました。100人から、たとえば1ずつ攻撃をされたら、自分のダメージは100です。だから、僕一人で、100で反撃しないと負けてしまいます。常にそう考えているので、僕にとって100は大事な数字です。

不動産屋との取引でも、1やられたら100で返すという精神でやってきました。

「僕は、空き家をただでもらうという活動をしています」と言うと、ほとんどのところでは「そんなのないよ」と門前払いでした。それで済めばいいのですが、たまに攻撃的なことを言われることがあるんです。「お前さ、1円の物件なんてあるわけねえだろ、何様だよ」と。そのときに、「ああすみません」と言っちゃうと相手の言い分を認めることになってしまいます。

僕は、自分への暗示を大事にしています。もし、「すみません」と言ってしまったら、そういう考えを持っているという暗示を自分にかけてしまうので、必ず言い返すようにしています。「そうですか。自分がそういう物件を手に入れられない確率よりも高い確率であなたの不動産屋は5年以内に倒産しますよ」と。当然ですが、相手はめちゃくちゃ切れて、喧嘩になります。

普通の日本人であれば、僕と違って、不動産屋に嫌味を言われたら、「やっぱり高望みはしない方がいいな」と思ってしまいます。でも、そんな暗示を自分にかけないために、わざと言い返して、そういうことを言うところはつぶれる不動産屋だ、仮に付き合えたとしても、きっと長くは続かない、と自分に暗示をかけています。

言われたことを、「そうですか」と聞くのが、きれいなコミュニケーションなんですけど、そこで自分に暗示がかからないような方法を身につけておかないと、どんどん自分の行動は狭まっていきます。

僕は、自分は選ばれた人間だからなんて言ったりしますが、もちろん、神に選ばれたわけがありません。でも、そう言うことで、自分は選ばれた人間だと思い込むので、何かあったときに余裕が出るんです。暗示なんですが、効果はあります。だから、相手の言葉で暗示をかけられて自分をつぶすよりは、攻撃的になってやり返した方が落ち込みにくいということでもあります。

そもそも落ち込む暇なんてありません。矢が1本飛んできたら、落ち込む間もなく即座に100本を打ち返しますから。そのマインドがあればつぶされません。「中学生でいじめられて、よくドロップアウトしなかったよね」「高校のときに家賃を払われなくてよく人生をあきらめなかったね」とよく言われます。

あきらめるわけがないんです。本音を言えば、自分は生まれなきゃよかった、生まれてこないのが一番良かったと思っています。でも、生まれた以上は、自殺なんかしたら超もったいないので、生きている以上は暴君で生きていこうと決めています。好き勝手やっていこうと。

人のためになるように投資でもビジネスでも動いていますが、1やられたら100で返すので、嫌味を言われたり、危害を加えられたりしたら許せません。そういう人を許さなくていいと思っています。

もしも、僕が何か嫌な目に遭ったときには、周囲が助けてくれます。なぜならば、僕が彼らに仕事を振っているので、僕に何かあると、みんな困るからです。だから、僕はずるい生き方をしているかもしれません。

行動哲学⑧　時給を抑えた期間が長いほど収入は増える

これはオーナー業の話です。

たとえば、チェーン展開している飲食店にアルバイトとして入ったとします。時給1千円はもらえても、経営者にはなれません。だけど、「丁稚奉公でいいです、ただでもいいからやらせてください」と言って働かせてもらえたら、時給1千円よりも上の世界に行ける可能性が出てきます。仮にオーナーが亡くなったら、たぶんその人が次に社長になると思います。

どこで自分がお金をとるかです。

たとえ、食事もまともにとれない状態でも、どんな苦労をしても、どこでお金をとるか。「苦労した」ということが、「自分の時給を抑える」という意味です。自分がどういう立場でどういうことをやっていくかが大事になります。

人生は時間が限られています。

年収を年齢の10倍とします。新入社員の22歳で年収が約200万円、退職するときに60歳だとしたら約600万円です。もし、入社するのが1年遅くなったら、最後の600万円がもらえないと気づいていますか。

1年遅く入社したら最初の200万円がなくなるとみんな思います。でも、実際には最後の600万円がなくなるんです。若いうちの1年を無駄にすることが、どれだけの結果を生むかという話です。

仮にアルバイトとして時給が1千円だとしても、腐らずにやっていく中で、「君、ここの経営しなよ」と言われる可能性はあります。だから、「動きの中に運命アリ」というのは嘘ではないと思います。立ち止まらずに、動いていく中でお金も貯まります。でも、お金が貯まる以上に莫大な財産ができます。人脈や、その業界の経験知やノウハウが身につきます。

だから、海外で大成功している人たちのうち、丁稚奉公から始めている人が少なからずいます。僕も、そういう人間です。

行動哲学⑨　ガラス張りにすること

前に触れた高校生とのプロジェクトについて、もう少しお話しします。

高校生がやりたい企画に10万円を出して、その10万円で活動してもらい、周囲の企業から協賛金を集めて10万円を返してもらう仕組みを作りました。企業とのやり取りは僕がやって契約もしていました。

でも、そんな仕組みを作ったからといって、高校生を出汁に使って、お金を稼ごうとしていたわけではありません。お金の出入りはすべて、関係者全員に公開していました。僕がいくら払って、この団体からいくらもらって、このくらいの収支になって、余ったものを割ってみんなに分配、ということをすべてオープンにしていたんです。

お金の出入りを公開することで、高校生たちは「大人って信用できるんだな」「騙さない人もいるんだな」と思ってくれて、僕は彼らの信用を得ました。

彼らが接する大人は、親も含めて基本的に物事を隠すので、特にお金に関してガラス張りでやってくれる人はまずいません。

アイドルプロダクションの経営でも、プロデューサー等に対して、会計は全部公開して、「僕はこれだけお金をかけて、これだけもらっています、でも今はまだ収支はマイナスだよね」などと確認し合います。曲を発注するときも「35万円だけれど、これみんなやる？やるとしたら、お金が必要だから、チェキのバック率を下げないといけないけど、それでもやる？」と聞きます。僕のようにお金をつまびらかに見せてくれる大人はまずいません。

とにかくビジネスで大事にしていることはガラス張りでやること。

では、ガラス張りにすることで、そういうことを経験しなかった、汚れている大人はどういう反応をするか。

たとえば、３００万円で売っている家を僕が1円で仕入れられるとします。その家を実需で売却したときに３００万円で売れるという物件で、まだ売価がついていない状態です。そこで、物件を欲しがっている人に、「1円で引き取ってほしいという物件を紹介できるけれど、本来は３００万円だから、紹介料だけ１００万円ちょうだいよ」と言います。すると、心の汚れ度が高い人ほど、「なんでそんなにとるの」となります。でも、ガラス張りに慣れている人や純粋な人は、「永野さんは300万円のものを自分のために100万円でいいように仕切ってくれるんだ」と思うんです。反応は正反対に分かれます。前者の反応を示す人とは付き合いません。僕はガラス張りにして相手を試しているんです。

そのときに100万円を気持ちよく払えるような人たちが、僕の子会社の社長たちです。100万円を1日も遅れずにその日にすぐ払ってくれる人。入金が1日でも遅れると信頼しません。

振り込みだったら、今はインターネットバンキングでできます。それなのに、お金を払いたくない、僕を信頼していない人は、「明日着金予定です」と言ってきます。そんな人を僕は信用しません。「振り込んだんですか」と聞くと、「振り込んだんですけど明日の朝に確認してください」と言うので、「じゃあ振り込み表の明細、コピーを送ってください」と言うと、「いやごめん、まだなんだよ」と絶対になるんです。そうなったら、「どういうことですか、騙してますよね、信頼の問題になるので、今振り込んでください」と、僕は語気を強めて詰め寄ります。そうなったら、すぐに振り込んではくれます。

でも、お金のやり取りでワンテンポ遅い人は信用できません。なぜなら、払うことにためらいがあるから。そういう人は僕のことも100%は信頼していません。かなり厳しいですが、お金のやり取りで相手の人間性を見極めます。

信頼できる人は、「払ったよ」とすぐに返事をくれるし、明日着金という言葉も使わないし、「振り込み表を送って」と言えば確認して数秒で送ってくれます。そういう人が本当に信用できる人。その人と仮に連絡が途絶えても、僕自身の責任だと思えます。だから、信頼できる人にはいくらでもお金は出します。でも、そこまでいける人はなかなかいないのが現実です。

ＰＡＲＴ１で話した合宿運転免許が、ガラス張りの精神のスタートラインです。僕が学生だった頃、合宿運転免許の相場は25万円くらいでした。僕はすでにお金を自分で稼いでいたので25万円はそれほど高額ではありませんでしたが、自分が貧乏をしていた14歳と同じ状況だったら、そんなお金は用意できないので免許なんて取れないわけです。あきらめるしかない。免許が取れなければ、車を持てない、僕は車に乗る権利もない、と思う他ないんです。

幼少期の苦労が抜けきれないので、1円でも安く免許を取りたいと考えるんです。少しでも安く取りたい、という点については、他の大学生だって同じです。だから、25万円のものを20万円にしたところで、あまりヒットしないので、17万円にまで下げて、さらにそこから1万3千円を抜くという、原価ギリギリの微妙なラインを思いつきました。

17万円というのも、全国の何万人という学生に、「いくらだったら安いと思いますか、あなたの知っている合宿運転免許の一番安いところはいくらですか」とヒアリングしました。そこで出た最安値が17万円だったんです。だったら、17万円の設定で全員行くよねと。でも、合宿運転免許の仲介会社だって人をたくさん雇ってやっているので、限界はあります。僕は原価も知っているので、ギリギリのラインで設定しました。

たとえば18万円で売って、2万3千円を抜いてもよかったんです。でも、そうすると、合宿運転免許の仲介会社からしたら印象も悪いし、学生に対しても、最安値が全国で17万円と出ているのに、18万円で出したら、当然そこで払えない人が出ます。確かに収入は倍になるけれど、それはいいことじゃないと思いました。

最悪、ガラス張りにしたときも、最安値の17万円でやってくれているなら、1万円をとってもいいよねと全員が納得します。そこから自分のガラス張り人生が始まりました。

今の不動産投資でも、1円の物件を、50万円の紹介料をもらって欲しがっている人へ橋渡しする、ということを普通にやっています。ちなみに、不動産の紹介業は宅建の免許は要りません。だから、50万円の物件を仲介するのではなくて、1円の物件の情報を仕入れてきて、売り主さんの電話番号だけを相手に渡して紹介料として50万円をもらっています。

そのガラス張りは普通の不動産屋はできません。だからガラス張りがすごく大事。誰が見ても、確かに紹介料の50万円を払うのは妥当だよねと言ってもらえるサービスを作ってきました。ガラス張りにできるかできないかはけっこう大事です。

行動哲学⑩　稼いでいる人たちと同じ環境に身を置く

投資するならば、投資家など、人にお金を出している人たちに、自腹を切ってでも話を聞きに行くこと。

なぜならば、よく言われる「周囲の友人10人の平均年収が自分の年収」というのと一緒で、周囲にいる人間に感化されていくから。成功している投資家に、「会ってくれたらお金を出す」と言って10人と知り合えば勝手に感化されます。必ずその人たちに染まります。

僕の弟子になる人たちは、僕の一挙手一投足を見ているので、話し方がみんな似てきます。話し方が似てくれば、考え方も同時に吸収できます。僕は仕事に対しては本当に細かい人間で、この段階でここに電話してという段取りを詳細に決めています。もしも、弟子がひとつでも間違うとブチ切れます。それを毎回やっていると、弟子からは、「これをしました、あれをしました」とうるさいくらいに報告が入るようになります。

事細かに言って、その都度調整していくと、思いどおりの人間が出来上がります。そうなったら、その人は絶対に成功します。こういう人と同じマインドになりたいと思ったら、自腹を切る覚悟で、そういう人たちの周りにいるようにすればいいんです。

金持ちのゴルフはその発想です。金持ちの人たちと同じ空間にいるというためだけにゴルフへ行きます。ゴルフを経営者や金持ちがやる理由はそこです。そういう環境の中に身を置くためです。

僕もゴルフはやります。スコアは130くらいなので下手です。でもそれでいい。極める方が有利なものと、極めない方が有利なものがあります。たとえば、麻雀だったら上手じゃないと呼ばれません。でも、ゴルフはうますぎると逆に呼ばれないんです。130くらいはキープしておいて、100切りするような努力は他に使っています。

日本の社会で生きていくならば、スコアが130くらいの人が一番いい感じで空間に交ざれます。スコアが良ければ良いほど、経営者としての能力は低いと僕は思います。数億、数十億動かしている人は130あたりです。それ以上は極めないというラインが、ゴルフにはあります。

行動哲学⑪　転売や代理店系は避ける

転売は避けた方がいい投資のひとつです。

若い人は手を出しやすいので、気をつけてください。

確かに困っている人がいて、その人たちのために差益をとって売ってあげる、という原則には適っているんですが。

今だと車です。数年落ちの車を買って、利益分を乗せて売るだけ。これは本当にもったいない。そんなことに時間をかけるんだったら、違う投資の方法があるんじゃないかなと僕は思います。

転売以外だと、携帯電話やウォーターサーバーなどの代理店系も避けた方がいいでしょうね。

誰でもできる類いのものは本当におススメしません。だいたい、月収100万円の壁を越えられないと相談してくる人たちは、そういう事業をやっている人が多い傾向にあります。

結局、簡単にお金が儲かりそうだから手を出すんでしょうけど、そんなことをしていたら100万円の壁は越えられないし、時間に追われるだけなので、本当に無駄です。やめた方がいいです。

行動哲学⑫　自分に投資する

これまでにも、僕は自分への投資を惜しみませんでした。その結果が、いろいろな成果として出てきていると思っています。

高校生のときは、時給1千円の魚屋でアルバイトをしていました。お金はありましたが、時給1千円ってどんな仕事なんだろうと思って始めたんです。厳しい職場で、へまをすると胸倉をつかまれました。社長がアルバイトのふりをして働いて怒られる、みたいな感じです。アルバイトをすることも、自分への投資でした。

自分への投資でいうと、若いうちは学校の宿題をすべてやるとか、勉強するのはすごく大事です。中学校や高校なんか行く必要はないという人もいますが、学校教育では、ちゃんと逆らわずに言われたことをやることが重要です。僕もやりました。宿題を期日までに終わらせることは、すべて成功体験になります。

学歴で判断されるのも当たり前です。

大学入試という競争で勝った人は、負けた人よりも結果を出す力が高いのは当たり前ですから。勉強量が多くて、入試問題へのコミット力が高く、どうすれば点数を取れるかがわかっているという人は、間違いなく上位の大学へ行けます。

かつて、ゆうちょ銀行が、全大学から選抜と言いながら、早稲田、慶應、東大、一橋の学生だけ集めようとしたことが、問題になったことがありました。それは、ゆうちょ銀行が、その4大学に入れる人たちが、それ以下の偏差値の学生よりも結果を出すと見越したからです。優先的に募集をかけるのは、僕はやっていいことだと思います。

自分たちの利益を優先するのが会社です。もし何か文句があるのなら、東大へ行けばいいという話です。

4大学以外を差別するわけではありません。でも、偏差値が高い大学の学生が社会で優遇されるのは当たり前です。それまで努力してきているからです。僕がこのことに気が付いたのは10歳なので、小学5年生までにこの本を読んでほしいと思っています。

僕は早稲田大学の法学部へ行きました。仕事で大忙しだったので、中退も留年もできたのですが、4年で卒業しました。目先のことをおろそかにしてはいけません。必ず結果を出さないといけないと思っています。


とにかく稼ぎたかったら、若い人におススメできる稼ぎ方がひとつあります。

大学に入って、長期の休みには新築の工事現場にアルバイトで入らせてもらって、家を建てる勉強をしておけば一生困りません。

今の世の中、大工が一番足りないんです。人材がいないのに、災害は毎年のように起こるし、むしろ増え続けています。建て替えなきゃいけない家もたくさんあるのに、解体業者が全然いません。だから、建築業界の現場の勉強が一番お金に直結します。


大工をやろうと思えば、にわか仕込みでもできます。

僕は、お金はいくらでもあるので、大工仕事を外注してもいいんですが、27歳のときに1年くらい、厳しい新築の現場にわざわざ入りました。建築現場では手元といいますが、要するに見習いとして下働きを一日中させられ、親方からは、「なんでそんなこともできないんだよ」と怒鳴られたりもしました。でも、その1年間のおかげで、リフォームは自分である程度できるようになったんです。努力する期間も大事です。

相手が先生だと思ったら、怒られてもイライラせずに、すべて受け入れられます。技術をすべて習得したら、僕くらいのにわか仕込みでも、個人のサロンを開いて教えることだってできます。僕のように1年くらい現場でやればできることなのに、みんなやりません。自分へ投資しようとしないんです。

ハラスメントも自分への投資と同じようなものです。

自分には制御できないもの、たとえば、パワハラを受けてきた頻度が高い人ほど人間としては強くなります。セクハラにしても、受けてきた頻度が高ければ高いほど強くなります。人をうまくあしらう技術が身につきます。何でもハラスメントにつなげる人とは、僕は付き合う気になれません。これってハラスメントだよなと思ったとしても、厳しい環境から逃げずに、多少の理不尽な扱いは自分を鍛えるいい機会と捉え、自分へ投資しているくらいに思っておけばいいんです。

行動哲学⑬　ビジネスでは大きく稼ぐ

大きく稼ぐというのが大事。

大きく稼ぐということは、スケールメリットがあるということ。単発でデカく稼ぐのではありません。

まず身近な人たちを助けて、そこでしっかりと地盤を固めたら、それを広げていく、そうすることで大きく稼げるようになります。

一発目から単価の高いビジネスをやろうとすると、さっきもお話しした携帯電話やウォーターサーバーなどの代理店系はすぐに稼げるし単価が高いので手を出しがちです。そういった、目先の5万円や10万円よりは、困っている人を助けるビジネスを起こして、少額でも手元に残るような仕組みを作ってください。皆から感謝されたら、儲けはいつか桁違いに増えていきます。

携帯電話の機種変更で10万円が入ってきても先はありません。町中でよく見かける携帯ショップの店長は儲かっていません。結局は頭打ちになって、月収100万円のラインを越えられないんです。ほぼ99％がそう。

たとえば、流通大手のイオンは、今の規模のスーパーマーケットになるまでに、店舗を広げていく過程で人を助けてきたと聞いています。最初に数万円の店舗を借りて、困っている人たちの問題を解決することからスタートしたんです。いきなりショッピングモールを作ったわけではありません。

僕がやっている不動産投資でも、家を一軒買ってリフォームして、まず5万円で貸します。まずは一軒からスタートします。でもそれを100軒やったら月500万円になる。簡単な計算です。大きく稼ぐためには、最初に大きいお金をとらないこと。

困っている度合いが大きいビジネスに切り込んだ方が最終的に母数は増えます。携帯の機種変更はみんなやるのでレッドオーシャンです。変えたくない人まで無理やり変えさせないといけなくなります。だから、そういうビジネスでは大きく稼ぐことはできません。

大きく稼げそうなビジネスは、困っている人、助けられそうな人が多いビジネス×単価で決まります。でも、よくあるペットボトルのお茶は1万円では絶対に売れません。業界的にありえない価格設定というのはあります。そこは気を付けながら、商品やサービスの単価を設定して、それに対してアプローチする人数がわかれば、掛け算すると稼げる金額は簡単にわかります。

たとえ儲かったとしても、次のビジネスへとすぐ動けるようにしておく必要もあります。有名なコーヒーショップのチェーン店が100円程度でコーヒーを販売してお客さんが一気に増えましたが、すぐにコンビニエンスストアが同じような値段で販売し始めてブルーオーシャンではなくなりました。

僕に言わせれば、そうなるまでに、次のビジネスに行かない方が悪いんです。次に行くのは当たり前です。シェアをキープできるのなんて、せいぜい1年です。絶対に同じことをされるか飽きられます。だから、よく一気に売り上げが上がって満足している経営者がいますけど、何やっているのと思います。毎年、手を替え品を替えて、ビジネスを動かしていかないと。他社に追いつかれてから文句を言っても遅いんです。手を替え品を替えてビジネスを展開するのは努力すればできます。

ビジネスの世界は情で何とかなるものではなくて、結果はお金で表されます。誰も助けてくれません。だから年単位で新規のビジネスを考え続けないといけません。

自分が不動産をやっているのは、単価が高いからです。

家は数百万にも数千万にもなるし、空き家で困っている人が日本には何百万人もいるし、買いたい人や投資家も何万人もいます。だからこの業界が一番儲かります。

でも、もう数年で違う業界に僕は行くかもしれません。もっと単価が高い業界で、困っている人がたくさんいれば、そちらへためらわずに行きます。

僕が次の案として考えているのは、さっきもアイドルプロダクションの経営のところで話した照明です。

照明の本は、一般的には大ヒットにはなりませんが、たとえば、単価が2千500円の本を1千部刷って、自分で買い取りしたって250万円です。実は、その250万円で僕は日本の照明の第一人者になれるんです。

というのも、照明の専門書は、日本ではどこを探してもまだありません。舞台監督が書いた薄っぺらい、参考程度のものばかりです。そういう状況なので、ライブハウスで照明をやる人はまずこれを必ず読んでくださいという、おそらく数百冊しか売れないような本だとしても、もし出したら、それだけで買い取り分の２５０万円はすぐに回収できます。全国ツアーの照明スタッフをやってよと、あらゆるところから絶対に呼ばれるようになります。２５０万円で、僕はその地位を買えるんです。

でも、照明の本を書くのは面倒くさいなとか、２５０万円も払うのは大変だなとか、何かで心理的なブロックがかかって人は動かないから今世の中に照明の本がないんです。

もしも、自分がどうしても照明の本を出したいのに、どこも出してくれなかったら自分で買い取ってでも出版します。何かをどうしてもやりたかったら、まず自分でお金を作って行動を起こして、その業界で自分が第一人者になれば、いろいろなところから依頼が来て、それが何千万円へと増えていくんです。

照明の第一人者に僕はなろうと思います、絶対に。もちろんいばらの道なのはわかっていますが、そうやって手を替え品を替えてやっていかないと、人生はつまらない。

僕は、毎年、呼ばれ方が変わります。

いくつもの「顔」がありますが、どんどん増やしていくことが大事です。山王と言われて、1円不動産投資で年間に億単位で稼いでいますが、まだまだ納得していません。次、次です。

行動哲学⑭　１００万円分の足を使う

１００万円で不動産を買うより、１円の不動産を買うために１００万円分の努力をした方がいい。１００万円分、足を使って、交通費で使った方がいいと思っています。

１００万円の洋服を買うより、１００万円で頭に、脳に、自分に投資した方がいい。でも、不動産の場合は、話はちょっと別。１００万円の不動産を買ったら、その不動産は働いてくれます。お金が入ってくるようになる。なのに、それを放棄してまで１円の物件を買うのはなぜか。これは、物件が１円じゃなくて、マイナスにもなりうるというところからきています。

先日、マイナス１００万円の物件が出ました。もしも、不動産情報サイトなどを見て、そこに掲載されているものだけを買おうと思えば、最低でも20万円はするし、それなりのものだと１００万円にはなります。だから、そんな物件を買って収益を得ていたら、マイナス物件には巡り合えません。

100万円を不動産にかけるんだったら、それを1円にする努力を100万円ですればいいと思っています。かといって、100万円を使いきるという意味ではありません。あくまでも、100万円分くらいの交通費を払って、1円の物件を探す努力をした方が、経験にもなるという話です。簡単に何かを買わないことが大事。

100万円の不動産を買うと安心しちゃうんです。安心できない状態、ずーっと目当ての物件が買えない状態を維持することによって、やる気や能力が伸びます。簡単に目標を達成できないようにするんです。今でも僕はそういう努力を続けています。

行動哲学⑮　苦労した期間が長いほどいつか化ける

運やタイミング、人によっては天性も関わってくるんですけど、すぐにビジネスで開花する人もいます。神が決めることなのでいつ花開くかはわかりません。神に選ばれる人は、ぱっと成功して、高級車、たとえばレクサスにも乗れるようになるけれど、本当にずーっと開花しない人もいます。

この話は開花しなくても腐らないでね、という話です。開花しない人ほど、すごく苦労して、上にあがりそうなのにまた人につぶされて、ということをずっと繰り返します。でも、ようやく50歳、60歳で開花するといきなり頂点まで上り詰める人もいます。そういうケースを何人も見てきました。これはもう自分の力ではコントロールできませんが、苦労した期間が長いほど、いつか開花したときに化けるので、安心して今の努力を続けてください、と言いたいです。

人と比べないでいいですから。

あなたの努力はいつか必ず、間違っていない方向であれば開花します。だから、早く開花した人に対して、羨望の意識を持ったり、妬みを持ったりしないでください。はねるタイミングは人それぞれ違います。ちゃんとしたことをやっていれば必ずはねます。だから、人と比べないで、自分のペース、自分のやり方を守ってください。

それに、人間は必ずはねるように出来ているんです。株も理論的には上がり続けるものです。でも、機関投資家が入って、いろいろな茶々を入れるから下がるんです。ちゃんと買う人がいて、売る人がいて、それが繰り返されれば株は上がり続けるはずです。

人は必ず上がっていくようになっています。もしも、寿命が200歳や300歳に伸びたらつぶし合いが起きるかもしれませんが、今は、ずーっと上がっていけるように日本の仕組みはなっています。明確な理由は言えません。なぜなら、それは僕の直感で、そういう暗示を受けているからです。みんな上がっていけます、必ず上に行けるようになっています。

もしかしたら、100回努力して1回しか報われないかもしれない。でも、100回に

1回だったらまだいい方です。腐らずにやり続けることが大事です。

行動哲学⑯　人に与えるために稼ぐ

世の中には、独占企業という会社も存在しますが、事業規模は今の2倍、3倍、ましてや10倍にはなりません。独占しているので次がないからです。もし、僕みたいにハングリーな人間が、独占の権利を得られたら大変なことになります。その独占の権利で得られたお金をめちゃくちゃ増やしちゃうはずです。

独占企業の人たちは、今の人生のまま、いろいろなことに気づかずにそのまま進んでくださいとアドバイスしたいくらいです。気づかないことが幸せだと思います。あえて教えてあげないことがその人にとっては幸せです。

でも、そういう人たちは、だいたい死ぬ寸前にひらめいちゃうらしいです。ああしておけばよかったと。その後悔を持って死んでいくことになります。だから、お金を棺桶に詰めるらしいんです。そのお金で後々、生き返れるかもしれないと思って。でも、生きている人はそのお金をとってしまいます。結局は、それが、あなたが人生をかけて築き上げた人脈だよということです。

でも、心ある人だったら、お金を棺桶に詰めずに、人に全部分け与えるでしょうね。その結果、こんな人間だったら復活してほしいなと後々の人に思われて、新たな技術で生き返れるかもしれません。生き返りたいという話ではなくて、そういう人であるべきだということです。僕は最後までそういう人でありたい。資産は最期までに全部撒きます。

だからといって、与えすぎて自分がかつかつになると人に与えられなくなるので、そこだけは注意が必要。でも、与えるために僕はお金を持っていなきゃいけないと思っています。だから、ちゃんと稼いでいます。

与えるためには儲けること。お金がある状況を作り出すことです。

そのためには自分に投資をして、儲けられるようなビジネスを作り出すこと。儲かってある程度のお金ができて、与えてもいいような状況になったら積極的に人に与えてください。与えることで、仲間もできるし、仕事も広がります。そうなれば、いろいろなことがスムーズに回るようになります。

ひとつのことだけをやっていると、そこだけに目が行ってしまうけれど、いろいろなことを同時多発的にやることで、いろいろなところがまた大きくなって、100が1000、10000が億という良い循環に入っていきます。

行動哲学⑰　何でもいいから、まずは投資をしてみる

投資が初めての人は、まずは金に投資すればいい。

金の投資は2つしかありません。架空と現物です。架空とは、実物を伴わない取引のことで、オンラインですが、絶対にオンラインはやるべきじゃない。現金が引き落とされるだけです。ネットでは、今日は5グラムとか出ますけど、これは引き出せません。それに、1キログラム貯まって引き出そうとしても、多くの会社がそんな現物を持っていません。

つまり、金の金額で、現金を積み立てていっているだけなんです。たとえば投資家が1トン分の金を持っていても、その会社にある金なんてせいぜい数十キログラムです。で、出せと言ったら、現金で返しますと言ってきます。何の意味もない。そういう数字上の取引じゃなくて現物にしてください。メープルリーフ金貨でも全然いいんです。とにかく投資するなら現物です。金は、買って持っていてください。

株投資をする場合でも、信用取引、架空取引は絶対にやらずに、現物を動かすものをやっ

てください。コモディティは一切やめてください。その他だと、明確に現物のある不動産はいいと思います。

現物を取引する中で、勉強することもあるだろうし、やり取りにも慣れてくるし、成功体験も得られます。

たとえば、参考書として買った1千500円の本があるとします。読んで知識を得たので、メルカリで1千600円で売りました、でもいいんです。中古でちょっと高めに出すだけ。現物のものはどこまでも虚業にはならないので、それもひとつのビジネスかなと思います。

まずは、現物で投資を始めて、失敗と成功をして、取引に慣れてください。その過程で、自分がどういう人間か、どういうものが合っているかがわかってから、違うパターンの投資へ移行してください。

PART6

永野彰一の人間哲学

人間哲学① 人に投資する

人に投資するというのは失礼な話です。

「投資してあげるよ」と言う人がいるけれど、何様なのって客観的に思います。「投資してあげるよ」とは僕は絶対に言いません。

僕は、これまでの投資は、ほぼ成功しています。

とはいえ、自分がやりたいビジネスへの投資ではないケースがほとんどです。僕の場合は、まず、人から相談がきます。「こういうビジネスをやりたい」と言われるので、「ぜひ頑張ってね」とだけ言います。「やりたいけれど資金の100万円がない」と言われたら、「人に資本なんか頼っちゃいけない。銀行に融資してもらって、信用を作ることも含めて、自分でお金を工面してやる方が絶対にあとあと楽だからね」と言って、必ず押し返します。

でも、そういう人は、「銀行から借りられなかったし、100万円も稼げなかった」と言ってきたりします。「いやありえない、100万円も稼げない人がなんでビジネスをやろうと思ったの。そんなの絶対成功するわけがない」と2回目も断ります。3回目に来たときに、「50万円は稼ぎました。でも、このスピードで稼いでいると、ビジネスの勝機を逃してしまう。今残りの50万円ができたらビジネスが始められます。でも、アルバイトも続けます。本当に頑張ります」と言われて初めて、「わかった、お金で解決するならいいよ」と言って、お金を出します。だいたい相談に来てから3回目です。この過程が大事なんです。何かやりたい人がいて、すぐにお金を出さない方がその人のためでもあるんです。「投資するよ」という言い方自体がすごく失礼だなと思います。

人間哲学② 永野流・人の育て方

僕が人を育てる方法は独特です。

他にやっている人は皆無だと思います。

完全にフルコミットした人間は、とことん本気で育て上げます。

まず、車2台で、下道で鹿児島まで行きます。道すがら、本人とは割り勘で食事をします。そうすると相手の財布の中身が先になくなります。それで、ガソリンがなくなるまで走り続けて、なくなったところで、「じゃあね」とそのままそこに放置して僕は帰ってきます。

その後、彼はどうするか。まず、携帯の充電ができません。そこで車を使ってバッテリーで充電すると、今度はバッテリーがあがります。この時点で車はごみになります。だから何もできなくなるんです。

これが自分の14歳の状態です。その状態に相手を置きます。もちろん場所は市街地ではありません。次に彼が何をするかというと、数時間かけてパチンコ屋まで歩いて行って、携帯を充電して車のところまで戻ってきます。帰ってきたら当然警察がいて、駐車違反ですと言われますから、その対応をします。それから、携帯で日雇いの仕事を調べます。その日は仕事がなくて、結局、車をそこに置いたまま、数時間また歩いてパチンコ屋へ行って充電して帰ってきます。そして、冬であれば寒い中、ホテルに泊まるお金もありませんから、暖房もつけられずに車で寝ます。

そんなことを繰り返して、3日後くらいに1万円の日雇いの仕事をやっと見つけます。1万円を何とか手に入れて、ガソリンを入れて福岡まで帰ってきます。福岡だと日雇いの仕事はもっとあるので、そこで3日くらい働いて3万円くらい稼いでようやく帰ってきました。

その経験をさせたことで、彼は、僕のコピーみたいに何でもできる人間になりました。僕が指示する前に何を言うかを察知できます。「これやって」と言ったら、どういう段取りをとらなくてはいけないかがすべてわかっています。まさに、僕の思考を再現できる僕のコピーの出来上がりです。その時点で、彼の成功も確約されます。

一度どん底に落ちないと、わからないことはたくさんあります。どん底に落ちた人は、自分の力で這い上がってくる経験をいやでもしますから、本から得られる知識をはるかに超える経験をするんです。

人間哲学③　選択肢を与える

今現在、数百万円ずつ出して子会社を作り、それぞれに社長がいます。だから、僕は誰も雇っていないんです。それぞれの社長は、自分の会社の収益から給与をとっていますから。彼ら全員が、自分で動きたくなる仕組みやきっかけを僕は与えただけです。僕は自分のことを、選択肢を与えられる人間だと思っています。

さっき話した高校生とのプロジェクトも同じことです。

最近やったのが、「諏訪Ｓｐｏｔ」というフリーペーパーです。僕が市議会議員や近隣7校の生徒を集めて発行しました。そういう活動をいろいろな地域でやってきています。

これまでに何千人という高校生たちと一緒に活動してきています。無料ベースでやるので、利害は絡まないし、みんなにとってはプラスになります。参加した高校生には、高校時代の成果としてもらって、ＡＯなどの大学入試にも活かしてもらいます。たくさん早慶にも入っています。大学だってビジネスなので、どういう高校生が欲しいかくらい僕はわかっています。求められている人材であることを証明するための活動を高校でやれば、行きたい大学に行けるんです。

今、高校生向けにＡＯ塾もやっています。普通は、オンラインで月に2万円くらいとられますが、僕の塾は、参加費用は無料です。でも、年間に30人から40人しかとりません。その中で、毎年一人だけ慶應義塾大学のＡＯ入試の推薦状を書いています。推薦状を書いた高校生は、毎年合格しています。慶應義塾大学がどんな人材が欲しいかはわかっているし、向こうの先生に知り合いもいるし、〇〇先生のどのゼミに入ってもらって、〇〇さんと組んだらいい成果をあげると思いますよと送り出せば、その子は絶対に通ります。そうやってずるいこともやっています。

でも、一緒に活動した高校生たちが大学生になったら連絡はとりません。大学生にとって、僕は老害になるから。「僕を踏み台にして、自分で好きなことをやってください、自分と対等に話せるようになるには１００年早いです」と言って送り出しています。二度と自分と接点を持たなくていいと言います。10年後に連絡が来ても、相手にならないと言って追い返します。僕と一緒にした活動以上の経験を、自分でしてもらうためです。

人間哲学④　人を惹きつけるセルフ・ブランディング

僕は、これまでのあらゆる経験から、社会や組織の法則を理解するに至りました。世の中の仕組みがわかっているから、投資やビジネスで、こうした方がいいよというアドバイスをどの世代に対しても、どの分野についてもできます。相手が借金まみれの人でも、高校生でも、です。

そうすると、たとえば、高校生とやってきたプロジェクトでは、その経験を活かしてもらうことで、何十人と早慶に入学しています。そんな方法を知らない人からすれば、それはずるいとなるかもしれません。でも、その子たちが僕にアクセスしたり、僕と出会えたりしたことで、彼らは受験戦争にも勝ったことになるんです。永野さんと出会えたことは「勝ち」と思ってもらえることは、僕にとってもひとつのブランディングになっています。

つまり、「永野さんと組んでよかった、この人と切れたらまずい」と思われたら、人が寄ってきます。「自分と組まないと負けるよ」というネガティブな方向ではなくて、「自分と組むと勝てるよ」と、プラスの考え方で勝っていけることがセルフ・ブランディングにつながります。

人間哲学⑤　底辺から上澄みまで誰とでも付き合う

僕は何億と資産を持っているお金持ちとも付き合うし、借金まみれで失うものが何もない人ともちゃんと付き合います。だから、言い方は悪いですが、底辺の人たちから最上位の人たちまで、誰とでも付き合います。

でも、これができる不動産投資家は実はいません。不動産投資をやるのであれば、お金がある人、ない人、それぞれの人脈があるのが強いんです。

たとえば、お金のない人の場合。

僕は不動産紹介業をやっているので、マイナス100万円という物件の情報もたくさんきます。マイナス100万円というのは、100万円をもらって、なおかつ物件も手に入れるということです。マイナス100万円の物件を譲り受けて、そのお金のない人に、ただでいいよと言ったら当然住みます。紹介料として100万円をもらったら、100万円の利益になるし、本人はゼロ円で家が手に入る、という仕組みです。もちろん、通常はお家賃をもらいますが、やろうと思えばそういうこともできるし、実際に住んでもらった経験もあります。

でも、そのマイナス100万円の物件を金持ちは買いません。もっときれいな物件を欲しがります。

だから、世の中の立ち回り方で一番うまいのは、底辺から最上位までどんな人とも付き合える人です。そんな人を不動産投資の業界で一人も見たことがありません。

人間哲学⑥　金子さん

人間哲学、人との交流という話では、尊敬する経営者である金子さんのことを話さないといけません。

経営のことだけでなく、世の中をうまく渡る方法や、人生そのものについてもいろいろ教わっている先輩です。もう10年近くお世話になっています。

金子さんは、もともと地元では有名な暴走族の一人でした。中学もろくに行かずに卒業して、高校には行っていません。最初は内装業に携わりましたが、1年も続かずに仕事を転々とするようになり、その中で面倒をみてくれた社長や先輩がたから義理人情を叩き込まれたそうです。やがて、いくつか会社を立ち上げるも、お金の持ち逃げに遭い、失敗に終わりました。しかし、今では、建設会社を経営し、数社のコンサルタントもしています。

金子さんと会って食事をしたときのことです。

僕が黙って勝手に支払いを済ませたことがありました。ところが、別れた後に電話がかかってきて、「車のダッシュボードに1万円入れておいたから見ておいてください」と言われたんです。払った金額は3千円程度だったんですが。

金子さんは1万円単位でしかお金を出しません。彼の1万円が僕らにとっての1円と同じ価値です。1万円単位で考えるというのは、それだけ「上」の世界にいないとできないことです。圧倒的な経済的余裕が必要です。僕は、先ほども触れましたが、お金を出すときには時給1千円の人間になるので、1万円単位で考えるなんてできません。だからこそ、そういう対応をする金子さんには、いつも感動させられます。

もしも、一緒にいたい人がいて、その人との空間を大事に思うならば、自分がすべてのお金を出すつもりでいた方がいいんです。その方が、良い関係でいられます。

ここには書ききれないくらい、金子さんとのエピソードはありますが、それはまた別の機会に。

とにかく、金子さんみたいな人間になれるように、僕はいつでも考えて行動しています。

あとがき　「これからの5年後・10年後を見通す力を養うために」

10年後の未来は、僕には見えています。

僕は、後天的にそういう能力が身につきました。若い頃から努力をした結果です。

10年先、20年先で僕が描いているのは、大震災と戦争です。

大震災が将来的に東京で起きることは間違いありません。ビルや首都高速道路は壊滅し、おそらく1回きれいになくなります。焼け野原みたいになる。その時点で人口は減ります。

戦争も10年から15年以内に大きいものが起きる可能性があります。振り子の原理で、いろいろなものが昔に戻ります。今はまだ、振り子が振れているときですが、振り子は戻るものだと認識しましょう。

僕は東京ではビル投資をしていません。1棟の投資をするのに、頭金で2億円用意すれば10億円のビルを建てられるとよく言われます。でも、2億円もあったら何軒の戸建てが買えるか、何人の人が助けられるか、と思うんです。高層マンションを建てるのと人を助けるのとどっちがいいかという話をしたりします。そういう考え方が５年後、10年後に結果として出ます。本質を見誤ったらいけません。

見通す力を養う方法はあります。

差分をとるという言葉を僕はよく使います。過去のことを反芻するんです。５年前、10年前に自分がどういう情景を見ながらどういう風に考えて生きていたかをしっかり思い出します。５年前、10年前に思っていたことと今の状態を比べます。５年前、10年前にはこう予測していたけれど今はこうなったということを、より鮮明に思い出します。ということは、今こう考えれば、５年後、10年後はこうなるなと考えられるようになります。

だから、過去５年、10年の、そのときの状態を確認するのではなくて、そのときにどう思って生きていたかが大事になります。その時代に戻ってみて、今の時代と比較して、これでこうだったら、このときにこう考えておかなきゃいけなかったというのを、毎年繰り返すんです。それを15年くらい連続で毎年やっています。それで将来を読めるようになります。

それから、自分が世の中を動かしていると勘違いしている人もいますが、現実に世の中を動かしている人たちは必ず存在する、と思っておいてください。その人たちが思ったように世界は動いているということに気づいた方がいいです。

そういう情報をどこからとってくるかというと、そういう人たちが普段見ている星占いをまずは勉強します。僕が株で成功したのは、ユダヤ人の星占いを、お金を払って買ってきて得た情報からスタートしているから。その星占いを株の売買とどう結びつけるかは、自分で頑張って見つけたんですけど。それで株の相場は動いている部分があります。

手っ取り早くできるのは、とにかく、稼いでいる人の真似をすることです。世の中を作っている人は稼いでいる人です。それは間違いありません。稼いでいる人たちがどういう行動パターンなのかを理解して、その行動パターンに近づいていけばいい。世の中は統計学で動いていることが大部分を占めています。僕は、人の顔を見ればどういう生き方をしているかはだいたいわかります。

努力すればするだけ報われて、総当たりすれば結果が出ると、この本でお話ししてきました。もし、そこが理解できるのであれば、明日からではなくて今日から動きましょう。今日は残り何時間ありますか。まだまだ今日は終わりませんよ。だったら、動けますよね？

最後になりますが、この本を出版するにあたって、ご協力をいただいた、株式会社山いちばの比賀真吾社長、エリアリンク株式会社の林尚道社長、金子社長、ランボルギーニ名古屋様には、たくさんの助言やサポートをいただきました。あらためて御礼申し上げます。

僕なりの哲学をまとめたこの本が、少しでも多くの方の力になることを願っています。

最後までお付き合いいただきありがとうございました。

【著者略歴】

永野彰一（ながのしょういち）

投資家・事業家
1990年生まれ。東京都出身。早稲田大学法学部卒業。
14歳のときに取得した「危険物取扱者乙種第4類」を手始めに、100を超える資格を高校在学中の2年間に取得。最年少取得記録を多数保有している。プロの雀士でもある。現在は、不動産投資家として活動し、全国に数百の山や戸建て、アパートなどを所有。「山王」と呼ばれている。テレビ東京『日経スペシャル ガイアの夜明け』などメディアにも多数出演。
著書に『平成生まれの資格王が教える 光速の暗記・勉強法』（TAC出版）、『一生お金に困らない山投資の始め方』『一生お金に困らない家投資の始め方』（以上、クロスメディア・パブリッシング）、『山王が教える 1円不動産投資』（自由国民社）などがある。

装　幀・本文デザイン　森　裕昌（森デザイン室）
撮　影　大崎　聡（Shin Irai）
編集協力　八重樫智美
企画協力　岩谷洋介

成功《せいこう》したければ行動《こうどう》しろ！―永野《ながの》彰一《しょういち》の成功哲学《せいこうてつがく》―

2023年　3月31日　第1刷発行

著　者　永野《ながの》彰一《しょういち》
発行者　林　定昭
発行所　アルソス株式会社
〒203-0013
東京都東久留米市新川町2-8-16
電話 042-420-5812（代表）
印刷所　株式会社 光邦

ISBN 978-4-910512-02-0　C0030